智慧国家的法律治理

人机交互条件下国家与法律的一般原理

邵长茂 著

中国法制出版社
CHINA LEGAL PUBLISHING HOUSE

PREFACE

前言

开宗明义，于前言交代本书研究什么、为什么要研究以及如何研究这三个基本问题，分别概括为宗旨、动因和方法。

一、宗旨

本书的基本目标是：（1）为开创人工智能法学提供理论基础；（2）为智能时代的国家治理提供前瞻性解决方案；（3）为中国的国家治理现代化提供可靠的评测体系；（4）探讨共产主义社会在智能时代实现的可能路径。简叙如下。

（一）为开创人工智能法学提供理论基础

党的二十大报告提出，“构建新一代信息技术、人工智能、生物技术、新能源、新材料、高端装备、绿色环保等一批新的增长引擎”。国务院在《新一代人工智能发展规划》中对建设人工智能学科提出了明确意见，要求在高等院校和科研机构设立人工智能专业，建设人工智能一级学科，成立人工智能学院，大力培养人工智能相关学科方向的博士和硕士研究生。该规划指出："鼓励高校在原有基础上拓宽人工智能专业教育内容，形成'人工智能+X'复合专业培养新模式，重视人工智能与数学、计算机科学、物理学、生物学、心理学、社会学、法学等学科专业教育的交叉融合。"法学是我国国务院明确的需要与人工智能交叉融合的七个专业之一。2022年，科技部发布《关于支持建设新一代人工智能示范应用场景的通知》，提出着力建设一批可复制、可推广的标杆型示范应用场景。同年，最高人民法院发布《关于规范和加强人工智能司法应用的意见》，推动人工智能同司法工作深度融合，全面深化智慧法院建设。可见，"人工智能+法学"这个交叉学科的建设已经在国家层面提上日程，而且对迅速发展的实践也提出了理论需求，有的高校、研究机构抓住机遇，[①]抢占学科发展高地。而一个学科的发展，前提在于相应的基础性理论的完备和深化。

人工智能法学在体系上应当包括两个部分：一是"人工智能+法律"；二是"人工智能+法治"。二者缺一不可，并且在一定意义上，"人工智能+法治"更为根本也更为重要。目前科技

① 比如西南政法大学2017年在全国率先成立"人工智能法学院"；中国社会科学院法学所2021年发布"人工智能法学"课程体系，总计100讲，内容包括"人工智能"、"数字货币"、"无人驾驶"、"区块链"、"人脸识别"、"AI与知识产权"、"量化交易"、"算法控制"、"计算机量刑"和"机器人律师"等系列人工智能热点法律问题。

界和法律界的研究，基本局限在“人工智能+法律”领域，探讨机器人等形式的人工智能的法律地位，人工智能所产生的诗歌、音乐等作品的权利归属，机器人致人伤害的责任承担，以及深化智能立法、智能行政、智能司法实践，存在舍本逐末的问题。如果没有“人工智能+法治”作为基础和依托，“人工智能+法律”的发展恐怕只会是混乱的、零散的以及没有方向的。

人工智能法学，尽管形式上与知识产权法学、公司法学等一样，似乎针对的是法学的一个领域，但实则不然。人工智能法学将颠覆传统法学体系，而且很有可能是颠覆绝大部分的法学体系。当代各国的法学体系都是前智能时代的，人们很快就会意识到应用了几百年的法学体系正在迅速落伍，甚至在很多方面成为社会发展的阻碍因素。建立一套与智能时代相适应的法学体系，是人工智能法学的基本任务。本书所作之一般性原理阐释，旨在为中国“人工智能+法学”领域的基础理论发展提供一个进路。

（二）为智能时代的国家治理提供前瞻性解决方案

对一个共同体而言，治理至关重要。它不仅决定共同体的兴衰成败，而且决定共同体中每一位成员的命运沉浮。站在当前的历史时点回头看，战乱、瘟疫、大革命、文艺复兴、宗教革命、民族独立、工业革命、全球化、互联网等，都曾经成为影响当时治理的“最大因素”，当这些因素到来的时候，共同体的治理需要在“最大因素”所形成的“最大趋势”之下进行。而告别已逝的历史向前看，决定未来“最大趋势”的“最大因素”就是智能工具。

当前，传感器、万联网、移动设备、大数据、超级计算、区块链、脑科学等系列智能科学技术在经历一甲子的千锤百炼后，于21世纪初发生聚合与裂变，呈现出加速发展、链式突破、整体推进的格局，标志着智能时代的来临。这项划时代的科技已经开始深刻改变人类社会生活、改变世界，最终改变人。人的改变是最根本的以及最终极的改变，当承载着生物科技、信息科技、超级计算科技等智能科技的工具常态化地内嵌或者穿戴在人体上，当人与智慧工具长期共融共生，当人的机器化与机器的生命化的进程从泾渭分明到合二为一，那么人将成为事实上的“人机合体”这一“新物种”。

相对于人自身这个“内体”而言，工具可以视为人的“外体”，人类进化主要体现在也取决于“外体”的进化。根据协同进化定律，基于人进化为“人机合体”这一“新物种”，人所在的环境转变为数字生态，人所掌握的工具升级为智能工具，与“新物种”、新环境、新工具相适应的新国家形态，即智慧国家，正在形成。智慧国家是把智能工具内嵌到国家治理活动当中，实现国家治理与智能工具深度融合，从而具有较高国家治商水平的国家形态。探寻在智慧国家形态下，国家该如何治理，法律会如何运行，法治将如何演化，是本书所要完成的一个基本任务。

（三）为中国的国家治理现代化提供可靠的评测体系

当前，我国在政治法律领域最为核心的命题是国家治理现代化。以往我国提出“四个现代化”，现在更强调国家治理现代化，最根本的原因在于国家治理现代化是国家其他方面现代化的基石。

党的十九大报告对国家治理现代化进行了进程管理，提出：

第一个阶段，从二〇二〇年到二〇三五年，在全面建成小康社会的基础上，再奋斗十五年，基本实现社会主义现代化。到那时，我国经济实力、科技实力将大幅跃升，跻身创新型国家前列；人民平等参与、平等发展权利得到充分保障，法治国家、法治政府、法治社会基本建成，各方面制度更加完善，国家治理体系和治理能力现代化基本实现；社会文明程度达到新的高度，国家文化软实力显著增强，中华文化影响更加广泛深入；人民生活更为宽裕，中等收入群体比例明显提高，城乡区域发展差距和居民生活水平差距显著缩小，基本公共服务均等化基本实现，全体人民共同富裕迈出坚实步伐；现代社会治理格局基本形成，社会充满活力又和谐有序；生态环境根本好转，美丽中国目标基本实现。

第二个阶段，从二〇三五年到本世纪中叶，在基本实现现代化的基础上，再奋斗十五年，把我国建成富强民主文明和谐美丽的社会主义现代化强国。到那时，我国物质文明、政治文明、精神文明、社会文明、生态文明将全面提升，实现国家治理体系和治理能力现代化，成为综合国力和国际影响力领先的国家，全体人民共同富裕基本实现，我国人民将享有更加幸福安康的生活，中华民族将以更加昂扬的姿态屹立于世界民族之林。

党的二十大报告进一步明确：

全面建成社会主义现代化强国，总的战略安排是分两步走：从二〇二〇年到二〇三五年基本实现社会主义现代化；从二〇三五年到本世纪中叶把我国建成富强民主文明和谐美丽的社会主义现代化强国。

到二〇三五年，我国发展的总体目标是：经济实力、科技实力、综合国力大幅跃升，人均国内生产总值迈上新的大台阶，达到中等发达国家水平；实现高水平科技自立自强，进入创新型国家前列；建成现代化经济体系，形成新发展格局，基本实现新型工业化、信息化、城镇化、农业现代化；基本实现国家治理体系和治理能力现代化，全过程人民民主制度更加健全，基本建成法治国家、法治政府、法治社会；建成教育强国、科技强国、人才强国、文化强国、体育强国、健康中国，国家文化软实力显著增强；人民生活更加幸福美好，居民人均可支配收入再上新台阶，中等收入群体比重明显提高，基本公共服务实现均等化，农村基本具备现代生活条件，社会保持长期稳定，人的全面发展、全体人民共同富裕取得更为明显的实质性进展；广泛形成绿色生产生活方式，碳排放达峰后稳中有降，生态环境根本好转，美丽中国目标基本实现；国家安全体系和能力全面加强，基本实现国防和军队现代化。

在基本实现现代化的基础上，我们要继续奋斗，到本世纪中叶，把我国建设成为综合国力和国际影响力领先的社会主义现代化强国。

由此可见，从现在开始到21世纪中叶，中国将发生翻天覆地的变化。但其中最核心的变化是国家治理体系和治理能力现代化在2035年前“基本实现”，在21世纪中叶“全面实现”。但能否“基本实现”，进而“全面实现”，均不应采取“谁声音大谁说了算”的任性方式或者“糊弄过去了事”的模糊策略，而应客观地、量化地从而有说服力地完成这一任务。而这亟须对我国的国家治理情况进行时间上的纵向测评，也需要进行空间上的横向测评。纵向测评是拿自己的今天和自己的昨天比，横向测评是与其他国家相比。这就需要一套非常科学的评测体系。本书的任务之三就是提出一套科学、可行的评测体系，服务于国家治理现代化的伟业，也为世界其他国家实现治理现代化提供参考。

（四）探讨共产主义社会在智能时代实现的可能路径

智能科技是一种颠覆性技术，它提供的可能路径，是我们无法假设和限定的。然而，通过管窥智能时代的样貌，可以发现其中蕴含了我们理想中的共产主义社会的一些基本要素。

首先是物质极大丰富。“马尔萨斯陷阱”说的是，在农业时代，食物呈算术级数（2，4，6，8，……）增加，人口呈几何级数（2，4，8，16，……）增长，二者不适应导致的结果就是周期性的土地危机和流民浪潮。但是，“马尔萨斯陷阱”在人类社会进入工业时代后就已经终结，物质匮乏的状态不应该在现代人类社会存在和持续，我们所看到的世界各地仍然存在贫富不均的状态，不过是因为国家治理者左右了、阻碍了或者加速了物质丰富的进程而已。实际上，物质极大丰富，在技术层面早已可以实现。

其次是生产资料公有。生产资料公有在农牧业社会和工商业社会被证明是效度较低的选择，但是，在智能时代则不然。于智能时代，数据是生产资料，算法是生产力。数据和算法，与传统的生产资料和生产力形态和特性截然不同。对传统的生产资料和生产力而言，一方的占有意味着其他人的失去。对数据和算法而言，共享之后价值不减反增。也就是说，数据和算法，天然地适应公有制。

再次是高度自治。人机深度交互所造就的人机合体、人机共生状态，是人的高级形态。此时的人有能力把自己的命运握在自己的手中，而不需要"由天"或者托付于政治家或者精英手中。

复次是国家不再。国家不再，是马克思基于对无产阶级生存境遇的关照和对人类政治命运的终极关怀，提出和论证的一个扬弃虚幻共同体、超越政治解放和克服市民社会的超政治的社会理想。恩格斯指出："阶级不可避免地要消失，正如它们从前不可避免地产生一样。随着阶级的消失，国家也不可避免地要消失。在生产者自由平等的联合体的基础上按新方式来组织生产的社会，将把全部国家机器放到它应该去的地方，即放到古物陈列馆去，同纺车和青铜斧陈列在一起。"[①]马克思主义认为，国家是阶级矛盾不可调和的产物，绝不是从外部强加于社会的一种力量。只要我们承认了这个学说的前提，就无法抗拒它的结论，就必然

① 马克思恩格斯选集：第4卷［M］.北京：人民出版社，1995：174.

要承认随着私有制和阶级的消失，国家终会消亡。出于对历史演化经验的回顾以及对现实需要的考量，人们对马克思所说的不需要国家的状态是很难理解和接受的。但我们假想，在未来没有了阶级对抗，并且社会高度自治，包括决策、执行、监督等在内的各项共同体职能可以不再以官僚制形式存在，而是假以平台；行使决策、执行、监督职能的人也不予固定，共同体中每一位成员都依据其禀赋和资源取得相应的担任公职的资格，而各平台根据预设的规则随机选择担任公职的人员；此时，理论上，每一个人事实上都是共同体成员的全息结构，成员和共同体之间是同构的，用一句有温度的话来说，“每个人都是整个国家”；那么，传统意义上的国家也就不再需要了。当然，如果把这个终点视作另一个征途的起点，亦未尝不可。

最后是法律隐退。简单地说，法律隐退的方式是以代码形式存在。传统法律是以成文法、判例法的形式存在的。这是前智能时代的法律。在智能时代，法律得以以代码形式隐匿在自动运转的共同体当中。为了让大家更好地理解这种状态，我们举例子作一说明。法律教学中经常会讨论“电车难题”，即假设一辆有轨电车失去控制，司机看见前方的轨道上有五个人，如果直行这五个人必然会被撞死。当然司机也可以将电车转向，开到另一条岔道上，这样只会撞死一个人。那么司机是否应当把电车开到人少的轨道上，撞死一个人，而不是五个人？这个问题，在传统法律领域基本上是作为一个思想实验而存在的，如果真的发生了这个情况，那么只能根据届时施行的法律权衡出一个结果。至于电车司机是否有罪，就如同“薛定谔的猫”一样，不到作出最终判决是不知道的。但在智能时代，该电车无人驾驶，对前述情况必须事先确定一个规则，以代码形式进行编程，以便电车根据该程序运行。此时的法律，可以说是隐退，也可以说是消亡，当然也可以说是以另一种形式存在。

综上所述，共产主义的一些基本要素在智能时代是能够出现的。至于这个状态是否就是我们理想中的共产主义社会，这是一个非常重大的课题，需要认真对待和审慎研究。

二、动因

之所以研究这个主题，是基于笔者的“一个观察”、“一点忧虑”和“一份期待”。

（一）一个观察

“一个观察”即“名不副实的民主+含量不足的法治”。

近现代世界各国基本上以民主和法治立国。但就民主而言，西方几百年的民主实践证明，在西方民主制度下，权柄被把持在政治家和社会精英手中而不是人民手中，民主徒有虚名而已。也就是说，于理念、制度乃至法律上都是权力所有者的人民事实上并未掌控权力反而于其下受其治，于理念、制度乃至法律上都是平等关系的人们事实上形成的却是人与人的纵向压制关系，于理念、制度乃至法律上都是人民公仆的人事实上主宰着“主人”的命运，于理念、制度乃至法律上都是自由人的人类事实上却无往不在枷锁之中。这条横亘于“知”与“行”之间的巨大鸿沟，这种理想与现实之间的无力挣扎，这种目标与结果之间的实际反差，就是人类社会正在遭遇的不同程度的治理悖论。治理悖论是人类社会迷失的总根源以及最大的危机所在。

就法治而言，由于人类始终无法摆脱、克服、剔除人的因素，西方各国所实行的法治莫不是力不从心和含量不足的法治。法治试图以法律体现人民的意志，但事实上并没有真正体现人民的意志，民意失真问题已经导致西方国家的大部分公民对选举提不起热情。法治试图通过法律控制权力，但权力反过来通过“借壳”法律，以及法律对社会生产生活的全面干预，得以在最广泛的范围内和最具体的细微处延伸，以往不便触及、不好干涉的领地也有了进入的理由和通道，从而实现了权力的无处不在。因此，说到底，法律征服权力往往只是西方政治的表象，其实质是权力征用了现代法律技术，并且变得更加强大。诚然，法治离不开人的因素，但如果不能克服人所固有的局限性，那么所谓的法治就是打了折扣的、力不从心的甚至是虚情假意的法治。

（二）一点忧虑

“一点忧虑”即“国家利维坦2.0版+自由主义的灭顶之灾”。

在政治法律哲学领域，始终存在国家主义和自由主义两条宏脉。近现代以来，自由主义崛起，并逐渐获得了压倒性的优势地位。自由和权利在这个时代，已经成为宗教般的存在，相应地，威权是被唾弃和讨伐的对象。但是，这种情况，随着智能工具的深度应用，正在悄然发生变化。美国乔治城大学隐私与技术中心发布调查报告，表明美国入境和海关执法局建立监控系统，绕过法律近乎全息监控着美国公民。其所建的监控系统，耗资近30亿美元，覆盖美国75%的成年人、50个州和地区超过2.18亿用户。美国政府有关部门一直利用先进的网络监控技术，长时间、无差别、无底线地监控民众。[①]实际上，不只美国，现代科技的发展，让每个国家都有了这种能力。可以说，生活在当代社会的每一个人在国家面前几乎都是透明的。隐私不在，自由何存？国家这个传统上被视作“利维坦”的怪兽如虎添翼，进入它的升级版状态。如从善，宛如神明；如作恶，则甚于魔鬼。站在十字路口，去往何处，具有很大的不确定性。在国家利维坦升级到“2.0版”后，自由主义的压倒性优势不再，反而存在灭顶之灾的可能性。我们应当心存一点忧虑——于智能时代，自由主义将何去何从？

（三）一份期待

“一份期待”即“自主+互利+智能=？”。如图0-1所示。

① 以上资料来源于2022年7月25日外交部发言人赵立坚的发言，孙楠.美大学曝光美政府部门近乎全息监控美国公民[EB/OL].(2022-07-26)[2023-02-12].http://www.banyuetan.org/yw/detail/20220726/1000200033137441658799190362964513_1.html.

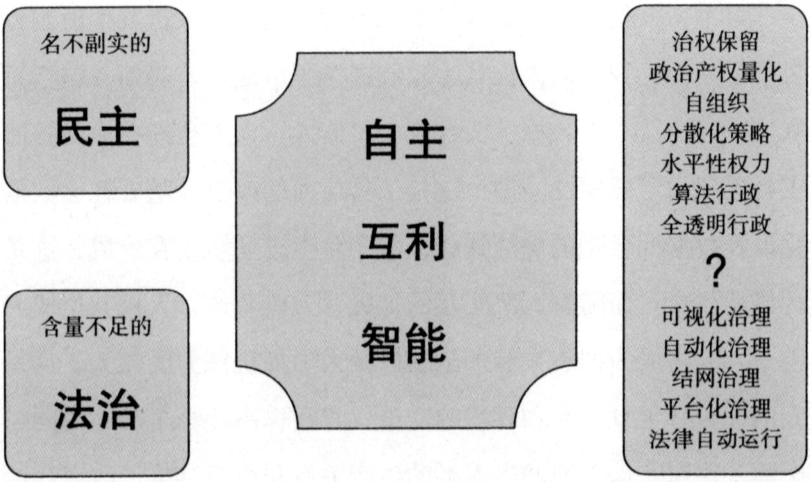

图0-1 “自主+互利+智能=？”

天工化物，物竞天择。人类于万物之中崛起，仰仗的可不是对环境的“适应力”，而是“改变力”。所以，尽管斯蒂芬·威廉·霍金等大师不厌其烦地警告我们，人类或被人工智能所终结，但我们仍需相信，人类有能力把握自己的命运，让这个世界变得更好。

所以，本书将目光投向了自主互利视角。自主互利视角，指的是超越传统的政治体系，以自主、互利、智能三大基石重构人类政治共同体的结构与体系。其中，自主是对民主的扬弃和优化，互利是自主的实现机制，智能是自主的实现技术。治理悖论，是由人类自己所发展出来的一系列“常识”和“定律”所构筑的。国家治理悖论的解悖，需要在传统过时的“威权解”、现代流行的“契约解”之外，找到第三条道路，即智能与互利基础上的“自主解”。

自主为人机共生政制提供了正当性，互利为人机共生政制提供了科学性，智能为人机共生政制提供了可能性。当前，包括万联网、区块链、大数据、云计算、机器人、人工智能在内的智能工具展现出了颠覆性力量，这是工具层面的改变。随着社会数据化以及数据社会化的加速迭代，数字化生态环境正在形成，这是环境的改变。而随着人机交互的加强，人机合体、人机共生成为常态，人将成为拥有人脑加电脑以及人力加机械力的超人，这是人的改变。工具、人和环境的变革，将在提高社会生产力的同时全面、快速、深入地冲击人类的生产关系和组织结构，改变政治共同体的运行模式和治理方式。

我们期待，通过“自主+互利+智能”，人类得以迎来一个更加美好的时代，但这需要我们行动起来，作出一些改变，从而掌控发展趋势。

三、方法

一项研究，过程是否有效、结论是否有用，往往取决于方法。本项研究所遵循的，是马克思主义基本原理提供的世界观和方法论，特别是将马克思关于社会形态三阶段的理论作为最直接的圭臬。

马克思指出：“人的依赖关系（起初完全是自然发生的），是最初的社会形态，在这种形态下，人的生产能力只是在狭窄的范围内和孤立的地点上发展着。以物的依赖性为基础的人的独立性，是第二大形态，在这种形态下，才形成普遍的社会物质变换，全面的关系，多方面的需求以及全面的能力的体系。建立在个人全面发展和他们共同的社会生产能力成为他们的社会财富这一基础上的自由个性，是第三个阶段。第二个阶段为第三个阶段创造条件。”①

如表0-1所示，马克思关于社会形态三阶段的理论是本项研究的“地基”，在此基础上构建起本书整体理论体系的“大厦”。位于“大厦”第一层的是手工工具形态和以人的依赖性为标志的社会，与该形态相对应的是人类的时代、君主政体、以法治国，以法治国是非法治；位于“大厦”第二层的是机器工具形态和以人的独立性为标志的社会，与该形态相对应的是人民的时代、民主政体、据法治国，据法治国是准法治；位于“大厦”第三层的是智能工具和以人的全面自由的发展性为标志的社会，与该形态相对应的是人的时代、自主政体、由法治国，由法治国是真法治。

表0-1 法治的三种形态及其与工具形态的对应关系

社会阶段	工具形态	社会形态	人类形态	政体形态	法治形态	法治成色
第一阶段	手工工具	人的依赖性	人类的时代	君主政体	以法治国	非法治
第二阶段	机器工具	人的独立性	人民的时代	民主政体	据法治国	准法治
第三阶段	智能工具	人的全面自由的发展性	人的时代	自主政体	由法治国	真法治

总之，在人机共生条件下，把自主作为观念基石，把互利作

① 马克思恩格斯全集：第46卷上［M］.北京：人民出版社，1979：104.

为机制基石，把智能作为技术基石，以三大基石重构人类政治共同体，可以破解人类欲通过良治做自己命运的主人却终不可得的治理悖论，从而实现每一个人全面而自由的发展以及对美好生活的需要。

CONTENTS

目录

1 治理悖论

1.1 国家治理模式的触顶与迷失 004

1.1.1 “历史终结论”的终结 005

1.1.2 “中国崩溃论”的崩溃 007

1.1.3 治理结悖 008

1.2 西方国家解决方案的局限与不足 010

1.2.1 权力人与权利人的矛盾 010

1.2.2 多数人与少数人的矛盾 012

1.2.3 “我”与“我们”的矛盾 013

1.2.4 公与私的矛盾 015

1.2.5 计划政治与复杂巨系统的矛盾 016

1.2.6 法律征服权力与权力征用法律的矛盾 017

1.3 自主互利视角的可行与可能 019

1.3.1 自主是对民主政治体系的观念性超越 019

1.3.2 互利是自主的实现机制 020

1.3.3 智能是自主的实现技术 022

1.4 人机共生政制的结构与机制 023

1.4.1 一个定律 024

1.4.2 一个核心 025

1.4.3 三块基石 025

1.4.4 四项机制 026

2 协同进化

2.1 人类的历史是一部从动物到人再到“超人”的进化史 032

2.1.1 人类是最优秀的进化者 032

2.1.2 人类已经从灵长类动物进化到“超人”的初级阶段 033

2.2 人是社会系统与工具系统的统一 035

2.2.1 对人的本质的追问 035

2.2.2 发生学视角的勘察 036

2.2.3 逻辑分析的印证 038

2.3 人的进化是社会与工具的协同进化 041

2.3.1 马克思关于社会形态三阶段的理论 041

2.3.2 社会与工具之间的协同进化性在三阶段中的呈现 042

2.4 在社会与工具的协同进化关系中，工具的进化更具有决定性 046

2.4.1 工具决定性的理论根据 046

2.4.2 工具决定性的历史考察 047

2.5 技术及技术主义的限度 050

2.5.1 “李约瑟难题”引发的技术与制度思考 050

2.5.2 智能工具的局限性与可能性 051

2.5.3 技术以及技术主义的五个方面限度 053

3 智慧国家

3.1 智能是使宇宙免于热寂的能力 060

3.1.1 热力学第二定律的钳制 060

3.1.2 超级智能是人类永续存在的希望 062

3.2 智慧国家是与智能工具时代以及人机合体这一“新物种”相适应的国家形态 063

3.2.1 智能工具时代的开启 063

3.2.2 智能工具时代的三个基本要素 065

3.2.3 “智能工具+国家治理”的结果是形成智慧国家 066

3.3 智慧国家是治理与智能化合后的国家质变 067

3.3.1 由自动化或半自动化的国家治理取代或者强化手动化的国家治理 068

3.3.2 由体系化的国家治理取代碎片化的国家治理 069

3.3.3 由精细化的国家治理取代粗放型的国家治理......070
3.3.4 由具象化的国家治理取代抽象化的国家治理......070
3.3.5 由可视化的国家治理取代神秘化的国家治理......071

3.4 智慧国家的衡量基准是国家治理商数......071
3.4.1 国家治理商数的概念及其计量模型......071
3.4.2 治商公式的逻辑关系结构......072

3.5 智慧国家建设应被确立为国家治理现代化的核心战略......074
3.5.1 没有智能化就没有现代化......074
3.5.2 牢牢把握智能科技发展的重大历史机遇......075
3.5.3 智慧国家建设的纲领性议题......076

4 由法治国

4.1 以法治国是非法治......085
4.1.1 以法治国的概念......085
4.1.2 作出以法治国是非法治论断的根据......085

4.2 据法治国是准法治......088
4.2.1 据法治国的概念......088
4.2.2 据法治国的本质属性是法治......089
4.2.3 据法治国是力不从心和含量不足的法治......091

4.3 由法治国是真法治......094

4.3.1 由法治国的概念......094

4.3.2 作出由法治国是真法治这一论断的根据......094

4.4 国家治理现代化的核心是从准法治走向真法治......099

4.4.1 国家治理现代化要求法治本身的现代化......099

4.4.2 三种类型法治的根本区别......101

4.4.3 由法治国具有可行性......103

4.4.4 由法治国的实现是有条件的......106

5 自主政制

5.1 自主政制是对民主政制的扬弃与超越......111

5.1.1 民主政制需要扬弃与超越的根据在于民主政制的二律背反......111

5.1.2 共识民主制的探索无法从根本上解决民主政制的固有局限......114

5.2 自主政制的逻辑起点是公权利......117

5.2.1 公权利是人在公域中所具有的权利......117

5.2.2 公权利是政治产权的量化形态......119

5.2.3 公权利是个人在共同体中的参与资格和议价资本......121

5.2.4 公权利也是公法理论的基石 122

5.3 自主政制塑造的治理模式是结网治理 126

5.3.1 结网治理是万联网时代的基本组织方式 127

5.3.2 结网治理是一个自组织过程 128

5.3.3 结网治理是一种分散化策略 129

5.3.4 结网治理具有有机性 130

5.4 自主政制下的权力状态为水平性权力 131

5.4.1 共同体的存在和运转以权压为必要条件 131

5.4.2 权压大小决定国体模式 132

5.4.3 水平性权力是在维持共同体运转的基础上实现自主政制的权力状态 135

5.5 自主政制的实现机制是互利 140

5.5.1 互利是什么 140

5.5.2 为什么是互利 141

5.5.3 如何互利 143

6 算法行政

6.1 算法行政是依法行政在智能时代的表现形式 147

6.1.1 行政法学理论基础的研究现状 147

6.1.2 从依法行政到算法行政......148
6.1.3 算法行政的实现要求规则前移......151
6.2 算法行政引起行政领域的生态性变革......152
6.2.1 国家利维坦2.0版的诞生......152
6.2.2 智能科技公司成为权力主体......153
6.2.3 行政权的“前置化”和“后台化”......154
6.2.4 行政法主体行为的全透明化......155
6.2.5 行政争议有望减少乃至消除......158
6.3 算法行政的三项内容......158
6.3.1 新管理......159
6.3.2 新服务......161
6.3.3 新控权......163

7 数字经济

7.1 数字经济是与智能时代相适应的新型经济形态......169
7.1.1 数字经济蓬勃发展......169
7.1.2 数字经济发展面临瓶颈......171
7.2 发展数字经济是中国式现代化的核心议题和必由之路......172
7.2.1 强化顶层设计......173

7.2.2 攻关关键核心技术和前沿技术......173

7.2.3 扎实推进数字基础设施建设......174

7.2.4 打造具有国际竞争力的数字产业体系......174

7.2.5 推动数字技术内嵌于实体经济......175

7.2.6 完善数字经济治理体系......175

7.2.7 构筑数字安全屏障......176

7.2.8 增强我国在数字国际治理规则中的话语权......177

7.3 数字经济的若干法律问题......179

7.3.1 数据权属保护问题......179

7.3.2 境内数据流通法律问题......180

7.3.3 数据跨境流通法律问题......182

7.3.4 平台经济法律问题......183

7.3.5 数字税法律问题......184

8 结论

8.1 基本结论......189

8.2 若干建言......191

8.3 些许展望......195

I

1　治理悖论

若以一个相对大的时间尺度观察，中国总体上处于一个由大乱到大治的上升趋势当中，并且和其他很多国家一样，正在致力于实现国家治理的现代化。这项工作在人类推开智能时代的大门后，出现了更多的可能性。本项研究的自我定位是人文社会科学领域的一个“未来项目”[①]，目标是为智能时代的国家治理现代化提供前瞻性和参考性方案。

古今学问智识，总归是时代刺激的映射与暗鸣。[②]我们观察到，人类社会的进步，往往是以生产工具的发展变化作为阶梯的，[③]而当今世界又处在了一个生产工具大变革的前夜。从智能工具研发应用的情况以及智能科技革命发展的程度、速度和趋势推测，人类社会已经开始迈进智能工具时代。智能工具时代是人

① 学术研究应当是预判性的。不管研究大问题还是小问题，都需要在空间维度上保持宏观视野，在时间轴上保持战略前瞻。如果不能从整体上把握国家乃至人类的发展情况，不能判断未来十年、二十年以及更远的时间里会发生什么，那么我们的研究就不可能站在时代的最前沿推动社会的发展。

② 从事人文社会科学研究，需要触摸人类进化的脉搏，因为人类社会的进化不仅历史地存在，而且现实地进行着。

③ 真正推动人类社会进步的要素是理念、想象和科技。从社会物理学的角度观察，理念决定方向，想象决定空间，科技决定速度。我们想象之所及，技术迟早都能实现。未解之题的破解，只有早或者晚的区别，没有能或者不能的选项。

类的大时代，它提供了几乎一切可能，以至于我们很难估计人类在这个时代所能达到的高度。历史上，人类握着石器工具迈进原始社会时代，握着青铜器工具迈进奴隶社会时代，握着铁器工具迈进封建社会时代，握着蒸汽机和电力工具迈进资本主义社会时代，那么也一定会握着智能工具迈进一个新时代。事实上，凭借已有的智能工具，国家治理模式已经发生深刻变革，既有社会关系开始加速迭代裂变。我们有理由好奇并研究：以智能工具为基石，以人机合体为条件，国家将如何运行，社会将如何组织，法律将如何实施，政府将如何回应。由此，本书将研究主题锁定为“人机交互条件下国家与法律运行的一般原理”，与读者一道，来进行一场面向未来的头脑风暴和思想穿越。

1.1 国家治理模式的触顶与迷失

世上值得称道的国家，总体上可以分为两类：一类是自由幸福的小国，另一类是荣耀强盛的大国，最难得的则是兼具了二者的优点——恰如阿历克西·德·托克维尔所言——“既像一个小国那样自由和幸福，又像一个大国那样光荣和强大”[①]。历史舞台上，列国你争我抢、你追我赶、你方唱罢我登场，但于国家治理层面始终没有厘清和解决一道谜题，即作为发展方向和追求目标的现代化国家治理模式究竟为何？

① 托克维尔.论美国的民主：上卷［M］.董果良，译.北京：商务印书馆，1993：183.

整体而言，人类历史正在沿着两条宏脉对接未来：一条是以美国为马首的“华盛顿共识”及西方自由民主政制，这被不少国家视为范本和目标，甚至被认为是“历史在此终结”；另一条则是以中国为引领的“北京共识”及中国模式，它“打破了民主世界对经济发展的垄断”，非洲的卢旺达、中东的迪拜以及众多的“一带一路”沿线国家都在认真对待这一模式。[①]随着“历史终结论”的终结，以及“中国崩溃论”的崩溃，国家治理模式进入触顶与迷失状态，结成治理悖论，大致呈现出一个正反合的过程：

正：“历史终结论”的终结

反：“中国崩溃论”的崩溃

合：治理结悖

1.1.1 “历史终结论”的终结

美国学者弗朗西斯·福山凭借西方国家在冷战中不战而胜之势提出，西方自由民主政体将成为一切国家政府的唯一及最后的形式，这就是所谓的“历史终结论”[②]。与此相一致，“华盛顿

---

① 郑永年.中国的政治创新试验及其世界意义［J］.人民论坛，2016（9）.

② 其具体内容为“如果人类社会经过数世纪发展都朝着自由民主这个惟一的社会政治组织形式演变或聚集，如果自由民主是惟一的最佳选择，并且如果生活在自由民主制度下的人民对他们的生活没有表示根本的不满，我们就可以说这场对话得出了一个最后的决定性结论，历史主义哲学家会不得不接受自由民主制度的优越性和终结性”。（福山.历史的终结及最后之人［M］.黄胜强，许铭原，译.北京：中国社会科学出版社，2003：154.）

共识”给发展中国家开出的药方就是面向西方发达国家“西天取经”，通过“双震荡疗法”实现“市场化、私有化、自由化”——这个药方在日本、韩国、东德等地看似有效。但是，在其他大多数地方，甚至在一些美国可以直接主导和控制的国家（比如阿富汗、伊拉克等）却一败涂地。自20世纪60年代特别是进入21世纪以来，世界范围内的“民主衰退”浪潮此起彼伏①，并日益显现出若干形式的病状②，甚至领头羊美国自己都已经走向衰败。现实再次雄辩地证明，人类的未来永远不是一个书定的样本，西方自由民主政体并不是实现现代化和国富民强的万能模板，更不可能是人类政治文明的最终归宿。福山教授这一谶言之论除了展示西方国家狂妄、轻率的心理以及清除异己、独占世界的企图以外，并没有留下多少智识上的价值。

当今世界，西方国家的“历史终结论”业已破产，而中国正在从“富起来”到“强起来”的历史转折中以中国式现代化全面推进中华民族伟大复兴；亚洲一些国家在“世界警察”处心积虑的分化与“再平衡”之下，不断将分歧推向冲突边缘；老欧洲坚守其曾经赖以辉煌的价值和体系，并企图脱离正统的主权原则，但越发显得窘迫和没落；美国则徘徊于一系列矛盾的原则中，既迷恋于攫取“执法者”、“平衡者”和“收割者”

① 被Crozier，Rose，Dalton等人概括为“Governability Crisis”，即“西方民主的治理危机”。

② 福山.政治秩序的起源：从前人类时代到法国大革命［M］.毛俊杰，译.桂林：广西师范大学出版社，2012：4.

的种种好处，又不愿意担负相应的责任、付出必要的代价。[①]环顾当今世界，经济增长缓慢甚至个别国家出现倒退下行趋势，金融危机潜伏，恐怖主义依旧存在，武装冲突此起彼伏，年轻人失业，中产阶级失望焦虑，气氛低迷，整个世界面临失序与迷茫困境。

1.1.2 “中国崩溃论”的崩溃

在中国站起来、富起来、强起来的征程中，西方国家关于中国模式必将崩溃的论调从来没有中断过，特别是在1989年（东欧剧变）、1997年（亚洲金融危机）、2008年（国际金融危机）等特殊的时间节点越发甚嚣尘上。但随着中国成为全球第二大经济体、“一带一路”领军人，重新步入世界舞台中心，“中国崩溃论”已经不攻自破，取而代之的是“中国道路”、“中国模式”、“中国梦”以及“中国震撼”。

郑永年教授在《中国模式》一书的序言中将中国模式概括为以下几点：经济模式的混合性；政治模式的开放性；改革模式的阶段性；政策模式的独特性；模式完善的渐进性。他进一步把中国模式的特征总结为：开放性是中国政党体制的一个重要特征；形成了一套非常有效的权力交接制度；通过制度性的权力集中来

① 参见基辛格．世界秩序［M］．胡利平，等译．北京：中信出版社，2015：150.

克服既得利益者的阻力。[①]美国学者弗朗西斯·福山认为，中国模式“一部分来源于马克思列宁主义，一部分是儒家思想”，“呈现出极强的竞争力……在某些方面，中国做起事情来比民主国家更有效率。因此，实际上只剩下中国这样一支有活力的现代化力量”。[②]我国张维迎教授在《中国震撼》一书中，将中国模式概括为以下几点：第一，实践理性；第二，强势政府；第三，稳定优先；第四，民生为大；第五，渐进改革；第六，顺序差异；第七，混合经济；第八，对外开放。

总体来看，中国模式无疑取得了极大的成功，并且仍将在中国特色社会主义道路上继续探索、不断完善。但正如笔者在《论国家治理商数》一文中所指出的，若从治商角度观察，我们在已逝的三十多年里以人类历史上最快的发展速度充分证明了中国模式的有效性，但我们同样没有达到“至善”，接下来的任务是把有效性的时间和空间因素导入中国模式，使这种有效性在时间上更持久、在空间上更广泛、距离“至善”更近！[③]

1.1.3 治理结悖

治理对人类来说至关重要，不仅影响国家兴衰，而且决定个

① 郑永年.中国的政治创新试验及其世界意义［J］.人民论坛，2016（9）.

② 西村博之，禚明亮.历史的终结、中国模式与美国的衰落：对话弗朗西斯·福山［J］.国外理论动态，2016（5）：2.

③ 江必新，邵长茂.论国家治理商数［J］.中国社会科学，2015（1）.

人命运。[①]幸运的是，人类对治理的模式是可以自我选择甚至自我设计的，因此越是迷失之时，越要关注问题的本质和症结所在。对于国家治理而言，无论在思想和观念上如何阐发，我们无法否认的一个根本性问题是，从具体的个体（而非整体）和实然层面（而非应然层面）来看，人生而不自由，所以向往自由；人生而不平等，所以渴求平等。改变不自由和不平等的宿命，不仅是作为个体的人的自我实现，而且是作为整体的人类的涅槃重生，所以也是我们追求良好治理的原因。

事实上，尽管现代政治制度从形式上废除了人奴役人的制度，并致力于自由、平等、公正、民主、法治等价值的实现，但人们还只是非常有限地拥有自己的生活，从根本上说还没有成为自己命运的主人。

人类欲通过良好的治理做自己命运的主人却终不可得的悖论，本书称之为治理悖论。详言之，在现代治理中，人类试图通过以人民主权、民主政治、权力控制等为核心的现代政治模式做自己命运的主人，但西方国家几百年来的实践验证的是，于理念、制度乃至法律上都是权力所有者的人民事实上并未掌控权力反而于其下受其

① 如果您想以最直接的方式来感受好治理与坏治理对于群居之人类的影响，不妨看一幅壁画。在意大利锡耶纳市共和宫“九人厅”的三面墙壁上，有一幅安布罗焦·洛伦泽蒂创作的壁画，以最直观的方式对比呈现了好政府和坏政府以及这两种性质的政府对普罗大众的影响：好政府治下的人们平和、审慎、节制、有勇气，城市和乡村井然有序，富庶繁荣，人们可以自由地去工作、贸易、打猎、跳舞，以及从事一切使生存更加丰富多彩的事情；坏政府治下的人们贪婪、残酷、傲慢，城市和乡村混乱而荒芜，盗贼横行，人人忧心忡忡，处处充满了绝望。

治，于理念、制度乃至法律上都是平等关系的人们事实上形成的却是人与人的纵向压制关系，于理念、制度乃至法律上都是“人民公仆”的人事实上主宰着“主人”的命运，于理念、制度乃至法律上都是自由人的人类事实上却无往不在枷锁之中。这条横亘于“知”与“行”之间的巨大鸿沟，这种理想与现实之间的无力挣扎，这种目标与结果之间的实际反差，就是治理悖论。治理悖论“锁住”了人类社会的未来，也是当今世界动荡不安的主要根源。

1.2 西方国家解决方案的局限与不足

治理结悖暴露出现代治理模式的诸多局限与不足，可以概括为以下六组基础性矛盾。

1.2.1 权力人与权利人的矛盾

经过启蒙开化，自由已经成为人的一种本能性追求，是政治法律哲学领域的最高价值之一。现代治理的内在逻辑是让人做自己的主人，以确保自由的最大化存在。为了实现这个目标，各国无不在法律和制度层面确认“国家的一切权力属于人民”，换言之，作为权力的所有者，每一位国民应当是“权力人”。[①]但在西

① 人民利益最有效的保障方式是使其成为政治权威的终极来源，让任何被委以特殊权力的人都必须向其负责，但作为整体的人民究竟应该在政体中扮演什么角色，是一个悬而未决的问题。

方国家的现实和操作层面，每一位国民只是“权利人”。从“权力人”到“权利人”，地位的下降意味着权力的克扣与截留，克扣与截留的权力被所谓的代表人、代理人、受托人、执行人所掌控，并反过来凌驾于国民之上。无论是在美国这种已经建成民主的国家，还是在非洲、南美洲的一些落后国家，很少有人会真正觉得那些掌握权柄的人能够代表自己。于是，就形成了如下的吊诡状态：作为一切权力所有者的人民，对权力没有任何掌控力，并且处于权力之下反受其害。在理论上由人民赋权于政府，现实中却是政府施惠于人民。在理论上公仆服务“主人”，现实中很可能对立为“对手”。被称为“一切权力的所有者”的人，却要通过抗议、示威、游行甚至极端事件来发出声音。西方所谓的现代政治文明以一个“公共问题的契约解”（以社会契约论为典型）的方式，蒙蔽、欺骗着所有的现代人，并且不厌其烦地告诉民众，代表人、代理人、受托人、执行人所拥有的权力是“必要之恶”。然后不得不叠床架屋地构筑各种监督制约制度、花费日益难以承担的成本用来提防权力，[①]即便在代表、代理、受托、执行成本远远大于收益的情况下仍乐此不疲。[②]毋庸置疑，这是西方现代政治制度最大的一个骗局。对此，卢梭早在几百年前就提醒，把政治权威托付给选出来的代表

① 丢又丢不掉，用又用不好，这是人类在治理领域所面临的困境。卢梭说：“人生而自由，却无往不在枷锁之中。”这是人类治理迷宫的形象写照。

② 正如约翰·洛克所指出的，“人们是如此愚蠢，他们小心翼翼地不让臭鼬或狐狸伤害自己，却心甘情愿地被狮子吞食，还认为这很安全”。米勒.政治哲学与幸福根基［M］.李里峰，译.南京：译林出版社，2013：37.

人是一种后果堪忧的现代做法，他说："英国人幻想他们是自由的，这是在欺骗自己；事实上，他们只有在选举议会成员期间是自由的：一旦新的议会当选，他们就重新戴上锁链、什么都不是了。所以从他们对自己那片刻自由的使用来看，他们活该失去自由。"①

1.2.2 多数人与少数人的矛盾

"多数决定少数"机制把人们简单粗暴地分为"多数人"和"少数人"两个群体，并以多数决的方式进行治理，导致了"多数人的暴政"与"少数人的恐怖"。过去，我们更多关注了"多数人的暴政"，对"少数人的恐怖"预估不足。实际上，"少数人的恐怖"威力巨大，可能给普通民众造成的伤害极大，对国家治理的危害也极大。面对穷凶极恶而又层出不穷的恐怖主义事件，我们在震惊和愤怒之余也须考虑，产生恐怖主义的原因到底是什么？当然，原因一定是多方面的，但是，我们必须关注到更深层次的制度性原因，即西方民主社会的多数决机制天然地具有结构性困境，而结构性困境导致边缘化，边缘化造成绝望，绝望造成

① 米勒.政治哲学与幸福根基［M］.李里峰，译.南京：译林出版社，2013：47.

恐怖主义。[①]所以，问题的症结在于反思和改造民主制度，以互利为基础组织社会，把少数人的利益与共同体的整体利益捆绑在一起，避免出现结构性困境和边缘化人群。

1.2.3 “我”与“我们”的矛盾

人类的共同体生活是以寻求承认为中心的。综观西方治理模式，林林总总，不变的是由少数人治理多数人，变化的只是治理的形式。有所谓代议者，有所谓代表者，有所谓代理者。这些少数人化身为“我们”，事实上把持了权力。“我”与“我们”的矛盾，即个体与共同体之间的矛盾，这对矛盾主要是由共同体的异化所造成的。

《共产党宣言》提出：“代替那存在着阶级和阶级对立的资产阶级旧社会的，将是这样一个联合体，在那里，每个人的自由发展是一切人的自由发展的条件。”[②]恩格斯认为，就表述未来社会

① 英国学者安东尼·阿伯拉斯特认为：“设若一个社会被划分为在其中有一个或多个的永久性的少数派，而他们知道在处理问题时大多数时候是决不会以他们希望的方式来进行的，那么上面提到的原则就不够了。永久性的少数派的渴望、要求甚至是原则都在集体决策制定的过程中被有系统地忽略或抹杀了，而他们的存在轻易使得多数主义者的民主成为不公平的和不能实行的。严格的数学上的每个人同其他人的投票的平等掩盖了的事实是，在这样的环境中少许人的投票全无分量和影响。这些被排斥的或是无力的少数派曾经倾向于成为宗教性的。而今天他们更可能成为民族主义的和种族主义的。在北爱尔兰少数派既是宗教性的又是民族主义的。”（阿伯拉斯特.民主［M］.孙荣飞，等译.长春：吉林人民出版社，2005：100.）

② 马克思恩格斯选集：第1卷［M］.北京：人民出版社，1995：294.

新纪元的核心思想而言，除了上述命题再也找不出合适的了。[①]在马克思主义理论看来，共同体本属于命运共同体，但因异化而分为“真正的共同体”和“虚假的共同体”。在虚假的共同体中，统治者打着共同体整体利益的旗号，以“一切人的发展是个人发展的前提”之名，行“一个阶级统治另一个阶级”之实。对于共同体中的大多数人来说，这并非真正的共同体，而是一个枷锁和桎梏。海德格尔把人描述为：被抛入世界（身不由已来到人间），能力有限，处于生死之间，对遭遇莫名其妙，在内心深处充满纠结和忧惧，同时又微不足道的受造之物。这个受造之物对世界要照料，对问题要照顾，而自己又常有烦恼。所以人类需要以共同体的形式，实现每个人全面而自由的发展。但现实是，这个共同体与己无关。“兴，百姓苦；亡，百姓苦。”兴与亡，与我何干？毁灭你，与你何干？所以，在西方国家，“投票改变不了任何事情”已经成为一种非常普遍的信念，投票率下降的趋势日益加剧。在庞大的国家机器中，作为个体的“我”只是现代政治文明的“弃儿”，一个又一个具体的人被整体化然后抽象化然后符号化，成为“我们”。但人从来都是一个一个鲜活的人，每一个人都是一个完整的生命，人天性里所追求的除了物质还有承认，谁又能忍受一种抽象的或者符号性的存在状态呢？西方治理模式就是这样在个体与实际上只代表少数统治者利益的虚假的共同体之间打了一个结，并由此造就了冷漠、消极以及没有担当

① 马克思恩格斯选集：第4卷［M］.北京：人民出版社，1995：730–731.

的国民。[①]

1.2.4 公与私的矛盾

自私自利是人性中固有的且难以改变的那一部分，而共同体利益属于公共事务，如何让本性为私的人完成公共事务治理，是一道历史性难题。传统治理模式在公与私这个问题上，依然没有走出人类业已徘徊千年的迷宫。司马光在《资治通鉴》中[②]记载了这样一个故事：唐高祖武德八年，一个名为张镇周的人出任舒州都督。舒州位于现在的安徽省安庆市，这里是张镇周的家乡，所以有很多亲朋好友。他到任之后，准备好了一桌酒席招待亲友，并在饭后说，今天我们作为亲友喝酒，但此后我就要作为都督行使治理之责，在礼法上应当隔离，以后我们不能再有交往了，我也绝不会徇私情。也就是说，张镇周对其私心，只能是"忍无可忍、重新再忍"，而这是有违人性的。几百年过去了，世人以为取得巨大进步的现代治理模式在这个问题上并没有变得更

① 如果治理不由人民掌控，或者由人民在名义上而不是事实上控制，久而久之被治理的人就习惯了一种被动的姿态——不管是对美好事物的期待，还是对危机和困境的抵制，人们能做的，往往是等待，等待一个好的统治者，等待一个好的政府……而当结果让人失望时，期待则变成了怨恨。在这种治理模式中，人们的心理状态简直就像钟摆，在期待和怨恨之间摆动。治理悖论之下的这种心理困境，可以概括为"期待—怨恨钟摆"。同时，治理不为人民掌控，还造就了没有担当的人们。中国古代有句话，叫作"天下兴亡，匹夫有责"。在治理中的被动性造就了被治理者没有担当，"天下兴亡，与我何干"？

② 《资治通鉴·唐纪·唐纪七》。

高明。再高明的掌权者因具有与多数人相分离的自身利益，很难做到自动维护民主法治，反而有可能利用公权为一己私利服务。由人治理，法律就必然会变通，而变通对于不以规则为圭臬的地方就会是一场灾难。如果处于国家机器和官僚体系中的每一个人，都有一个小算盘，千万个小算盘会消耗甚至耗尽共同体的权威和有效性。

1.2.5 计划政治与复杂巨系统的矛盾

现代治理模式已经把“计划经济”扔进了历史的故纸堆，虽然计算机的出现曾鼓舞了计划经济的念想，但理论和实践都一再证明以为靠计算机技术就能让计划经济优于市场经济的想法终究仍然是幻想。[①]根源于个体需求和价值的万殊性（多样性），人类共同体是一个开放的复杂巨系统。在这个系统中，通过多次尝试、改进和优化，顶层设计与实际需求是能够实现对应和耦合的。但是，国家治理的对象是一个开放的复杂巨系统，其需求具有整体性的特点，比如公平正义、和谐稳定等。因此，计划政治必须是一个集约过程，差异性无法周全，复杂性得不到再现，异质性被同质化，整个世界被化繁为简。由于治理的条件和能力

① 计划经济是一个非常有魅力的经济模式，即便有诸多失败实验，仍有不少拥趸。阿里巴巴集团创始人马云主张建立新的计划经济，对此张维迎、周为民等教授给予了回应。参见周为民2017年在第二届野三坡中国经济论坛上关于“计划经济不可行性早已证明大数据也弥补不了”的演讲；张维迎．“计划与市场之争”根本就是方法认识论之争［N］．社会科学报，1553（3）．

与现实社会的复杂性是不相适应的，治理者面对复杂性，往往通过做减法来应对。这种模式之下的治理者是粗线条的，被治理者则因为基本问题以外的需求和价值没有机会释放而倍感压抑。以简驭繁的治理模式，缺陷在于僵化、无力、牺牲，治理成本高（因为浪费），所提供的并不是所有人需要的。对此，阿兰·图海纳指出："对民主制度的衡量，全看它有没有充分的能力提出社会需求，并使社会的需求变得合乎情理。……如果把民主政治解说为对社会的需求做出制度上的反应的能力，那我们就必须承认：我们目前是生活在前面所说的民主制度倒退的时期。"[①]这个世界充满着混沌、复杂、变化和缺憾，不管愿不愿意，我们应当以有限之生直面并探求存在的价值，在方寸之间通过局部最优解寻找终极真理，并以此向无限的世界致以无限的诚意。

1.2.6 法律征服权力与权力征用法律的矛盾

西方国家乐观地以为他们已经成功地用法律征服了权力。2002年，时任美国总统的小布什从政治家的角度特别强调："人类千万年的历史，最为珍贵的不是令人炫目的科技，不是浩瀚的大师们的经典著作，不是政客们天花乱坠的演讲，而是，实现了对统治者的驯服，实现了把他们关在笼子里的梦想。我就是在笼

---

① 图海纳.我们能否共同生存?：既彼此平等又互有差异［M］.狄玉明，李平沤，译.北京：商务印书馆，2003：330.

子里为大家演讲。”这句震撼了无数人心灵的名言，其实不过是政治家用以争取民意的障眼法。[①]托克维尔说，在美国，所有的政治问题最终都会转化为法律问题。把政治问题法律化，这的确能造成一个法律控制权力的表象，但是，此时法律真的实现了对权力的控制吗？绝非如此！[②]马克思说，这是权力展现了它“虚伪”的一面。福柯说，这是权力展现了它“精巧”的一面。法律的程序性、形式合理性、表面公平性、一体适用性迎合了现代公民的口味，从而有机会让权力挟持法律，形成“挟天子以令诸侯”的局面。通过“借壳”，以及法律对社会生产生活的全面干预，权力得以在最广泛的范围内和最具体的细节上延伸，以往不便触及、不好干涉的领地也有了进入的理由和通道，从而实现了权力的无处不在。因此，说到底，在西方国家，法律征服权力只是现代政治的表象，其实质是权力征用了现代法律技术，并且变得更加强大。

以上是国家治理悖论所演绎形成的六组基础性矛盾。如果把悖论置放于四维时空中审量，不难发现，人类所遇到的悖论是空间蕴含于时间之中的具象。其隐喻在于，若于空间维上走不出悖论，则其在时间维上就会停滞，而停滞是事实上的死亡。人是有灵性的生物，相较于其他物种能有今日的成就，归根结底，是因

① 也有学者指出，这句话的真实性有待商榷。详见熊建.以求真精神破除谣言［N］.人民日报，2013-09-24（24）.

② 美国前总统福特先生曾经说：“A government big enough to give you everything you want is big enought to take away everything from you.”企图以法律控制权力，并不现实。

为人的灵性。相应地，人类的命运也取决于其灵性的发挥程度。陷在悖论里，不是作为灵长类魁首的人类的宿命。但我们已在其间停留太久。

1.3 自主互利视角的可行与可能

自主互利视角，指的是超越现有的民主政治体系，以自主、互利、智能三大基石重构人类政治共同体的结构与体系。其中，自主是对民主的扬弃和超越，互利是自主的实现机制，智能是自主的实现技术。治理悖论，是由人类自己所发展出来的一系列“常识”和“定律”所构筑的。这句话也可以理解为，人类自己困住了自己，而且用的是所谓的“常识”和“定律”。它意味着，如果没有真正的突破和超越，人类是很难跨越这个治理悖论的。国家治理悖论的解悖，需要在传统过时的“威权解”、现代流行的“契约解”之外，找到第三条道路，即智能与互利基础上的“自主解”。

1.3.1 自主是对民主政治体系的观念性超越

人本应平等，但因为陷入治理悖论，一部分人固化为治理者，垄断了本属于全体人民的权力；人本可自由，但因为陷入治理悖论，被强制性地让渡自由，从而无往不在枷锁之中；人本有其权，但因为陷入治理悖论，不得不授权给代表人或者代理者，使公共事务在事实上被代表人或者代理者所主宰。所以，芸芸众生常常感到，经济发展与己无关，科技革命与己无关，甚至民主政治也与己无关。明明是“主人”，实为“局外人”；明明是“公民”，却当了“吃瓜群众”。眼看他起高楼，眼看他宴宾客，眼看他楼塌了，虽有所悟，或有所幸，但只是当了一回看客。问题在于，人们到这个世界上走一遭，总不是来做看客的吧。士为不知己者劳累至死，男女为己不悦者强装笑颜，实在是人生之大不幸。因此，对传统政治体系而言，观念性的超越有其必要性。我们知道，如果没有文艺复兴和启蒙运动，恐怕整个人类仍然昏睡在黑暗的丛林时代。在人类已有的历史中，直到18世纪之前，人类的进步主要体现在成为“自然的主人与所有者”。18世纪欧洲启蒙运动之后，人类的进步主要体现在成为“社会的主人与所有者”。那么到了今天，进步应当是人类成为“自己的主人与所有者”。现代治理的根本目标是让人做自己的主人，现代治理的实际结果是人做不了自己的主人。既然如此，就应当考虑进一步优化民主，把取之于民的权力还给人民。现代民主政治体系正当性基础的缺失，正是自主这一新模式正当性的来源。

1.3.2 互利是自主的实现机制

自主作为目标和模式，能够实现吗？自主之所以可能，在于互利和智能，互利提供了机制性保障，智能提供了技术性保障。如果说，西方民主政治体系剥夺了本应当属于个人的权力，是不道德的，所以要实行自主；那么，西方民主机制简单粗暴地按照多数人的意见运行，则是不科学的，所以要以互利进行改造。马克思对此一针见血地指出："依靠普选权来治理国家就像绕道合恩角时迷失了航路的海船水手一样：他们不研究风向、气候和使用六分仪，却用投票来选择道路，并宣布多数人的决定是不会错的。"[①]互利是结果导向的，要求顾及各方面的利益和诉求。如果决策只是顾及了一方的利益，即便它是多数决机制下产生的"民意"，也是不被允许的。

图1–1中的圆形是由参与其中的不同利益集团的重置成本所确定的，构成了共同体的互利空间。重置成本之外的小三角形是各个利益集团不合作时的收益。处于中心位置的不规则五边形是共同体的公平域。因此，只要一个共同体内部的分工与合作产生高于各自单独行动的效率，就会存在一个对各方都有利的空间，即互利空间。人类演化的历史，是一个经历过"鸡犬之声相闻老死不相往来"的彼此隔绝、"你方唱罢我登场城头变幻大王旗"的相互侵掠、"各美其美美美与共"的分工协作三个阶段，从自利走向互利的进程。分工与合作是人类在这颗星球上取得压倒性优势的基本经验。通过分工协作，共同体效率不断提高，并且随着技术进步，形成一个不断扩大的互利空间，让每一位共同体成员持续受益。当前，世界一体化已经把人类融为一个统一的命运共同体，自利强权者淘汰，互利共赢者生存。"我们不能通过损害合作方的利益来扩张自己的利益，是因为存在着一个互利空间与分配比率的相关函数，……如果分配比率超越重置成本，受到

① 马克思恩格斯全集：第7卷［M］.北京：人民出版社，1974：305.

侵害的一方失去了合作的意愿，互利空间就会消失。”[①] 国家治理的本质是让共同体每一位成员能够持续受益，实现这个目标，就要通过互利机制，确定分配比率与互利空间最大值的切分点，在这个点上，可以使效率与公平同时达到最大值，而不是互相排斥。

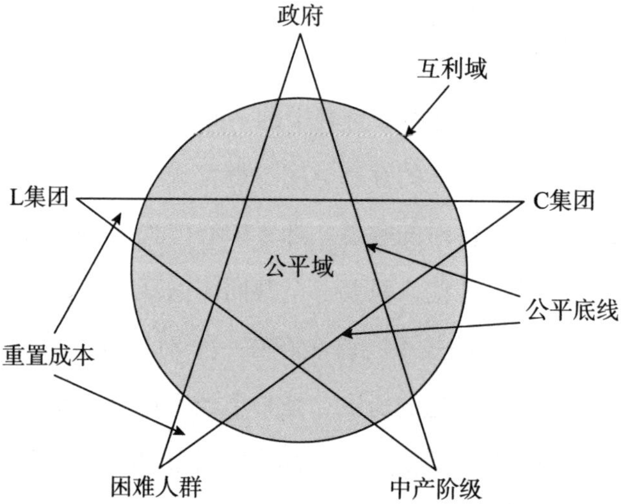

图1-1　互利空间[②]

1.3.3　智能是自主的实现技术

自主的目标、互利的结果有赖于智能技术给予呈现。生产工具是塑造生产力和生产关系的决定性力量。生产工具有多大进步，生产力就有多大发展，生产关系就有多大变革。当前，包括万联网、区块链、大数据、云计算、机器人、人工智能在内的智

① 陶永谊.互利：政治的智慧［M］.北京：当代中国出版社，2013：49.

② 陶永谊.互利：政治的智慧［M］.北京：当代中国出版社，2013：45.

能工具[①]展现出了颠覆性力量，这是工具层面的改变。随着社会数据化以及数据社会化的加速迭代，数字化生态环境正在形成，这是环境的改变。而随着人机交互的加强，人机合体、人机共生成为常态，人将成为拥有人脑加电脑以及人力加机械力的超人，这是人的改变。工具、人和环境的变革，将在提高社会生产力的同时全面、快速、深入地冲击人类的生产关系和组织结构，改变政治共同体的运行模式和治理方式。

1.4 人机共生政制的结构与机制

人机共生是“通过智能机器延伸和增强人类在改造自然、治理社会的各项任务中的能力与效率，最终实现一个人与机器和谐共生共存的社会”[②]。它是人机交互的结果以及人机合体的高级阶段。人机共生一词中的“机”指的是智能机器，包括物理的和虚拟的机器，它是万联网、区块链、大数据、云计算、机器人、人工智能等智能科技的综合载体，包括救灾机器人、家用机器人、医用机器人等，也包括具有一定智能水平的汽车、手机、电脑等。智能机器也是人造工具的一种，但是其中最为独特的一种，其独特性在于智能机器有自主的感知、认识、决策、学习、执行

① 智能化是信息化的高级阶段，是信息技术的聚合和提升。因此，智能工具也包含了信息技术的内容。

② 朱松纯.浅谈人工智能：现状、任务、构架与统一［EB/OL］.视觉求索（微信公众号），2017-11-02.

和社会协作能力，符合人类情感、伦理和道德观念。[①]智能工具有“智能”，但没有“意识”。人脑和电脑都各有局限，人脑加电脑，能够创造出超级个体。在人机共生结构中，人自身是人的内体，智能机器是人的外体，内外结合，从根本上推动人类政治共同体结构关系和治理结构的变革优化。

人机共生政制指的是以自主、互利、智能为基石，在人机交互条件下，所建立起来的政治共同体的治理框架。如图1–2所示。它是人类政治进化历程中的一次“变异”，以及人类政治文明的一次“裂变”。人机共生政制的结构与机制，可以概括为一个定律、一个核心、三块基石、四项机制。

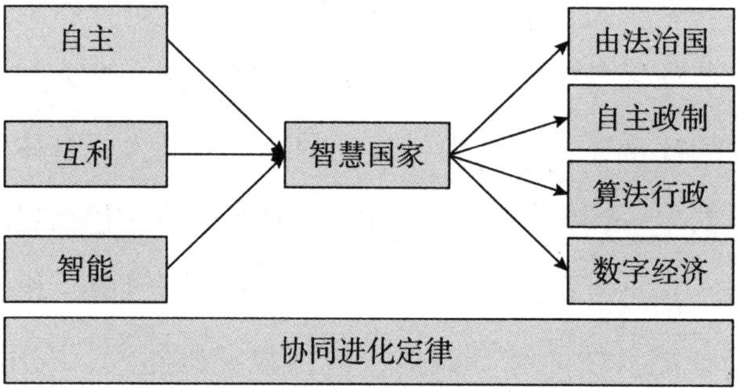

图1–2 人机共生政制的结构与机制

1.4.1 一个定律

一个定律，即协同进化定律，它是人机共生政制的总开关。

---

① 朱松纯.浅谈人工智能：现状、任务、构架与统一［EB/OL］.视觉求索（微信公众号），2017–11–02.

协同进化定律揭示了工具进化与社会进化之间的因果律和相关律，即社会进化源于并取决于工具进化，与此同时，二者的进化又具有协同性。

1.4.2 一个核心

一个核心，即智慧国家，它是人机共生政制的统帅和“四梁八柱”。智慧国家是在新数字时代，基于协同进化定律，于人机交互条件下所产生的智能工具与国家治理深度融合的国家形态。与传统国家形态相比，它实现了由自动化或半自动化的国家治理取代或者强化手动化的国家治理；由体系化的国家治理取代碎片化的国家治理；由精细化的国家治理取代粗放型国家治理；由具象化的国家治理取代抽象化的国家治理；由可视化的国家治理取代神秘化的国家治理。

1.4.3 三块基石

三块基石，即自主、互利、智能，它是人机共生政制的根基。自主为人机共生政制提供了正当性，互利为人机共生政制提供了科学性，智能为人机共生政制提供了可能性。与此同时，自主、互利、智能三位一体，具有体系性。但是，正如马克思于1853年在《不列颠在印度统治的未来结果》一文中谈及英国资产阶级在印度采用的新技术时所指出的：“不仅仅决定于生产力的发展，还决定于生产力是否归人民所有。”①智能工具没有阶级属性，但必然为占有者服务。如果智能工具不能为人民所有，那么“首当其冲的就是经济增长疲软与不平等显著加剧的并存”，“最终结果也可能是产生极少数大赢家和大量失败者”②。而这恰恰就需要互利机制发挥作用，确保共同体成员均能共同受益，避免出现共同体内部严重两极分化的所谓“极化社会”。

1.4.4 四项机制

四项机制，即由法治国、自主政制、算法行政和数字经济，它是人机共生政制的具体呈现。由法治国是在法律层面建设智慧国家、践行人机共生政制；自主政制是在社会层面建设智慧国家、践行人机共生政制；算法行政是在治理层面建设智慧国家、践行人机共生政制；数字经济是在经济领域建设智慧国家、践行人机共生政制。四者分别引发法理学、宪法学、行政法学、经济法学乃至整个法学理论基础的根本性变革。

正如本书开篇所言，本书定位为一个“未来项目”，所以这必然是一项天马行空式的研究。如果你愿意，请跳出由知识和经验所构筑的“此在”，想象这样一个世界：社会经过螺旋式上升后回归自然，文明经过裂变后返璞归真，人民经过启蒙后终获真

---

① 马克思恩格斯选集：第1卷［M］.北京：人民出版社，1995：771.

② 英国《金融时报》首席经济评论员马丁·沃尔夫所言。转引自李慎明.“互联网＋”的发展必将引发西方国家生产关系的大变革［J］.红旗文稿，2016（2）.

正而彻底的解放。政治上不再只是自上而下的压力，从而人民不再担心受专制之苦和权力之害；不再只是烦冗无效的官僚体系，彻底革除体制性的僵化无效之弊；作为一切权力所有者的人民亲自行使治权而不需假人之手；徒法亦可自行，在人工智能和信息化的基础上，法律经过技术性编程自行运转，从而从人的挟持中解放出来；人人参与决策、执行与监督，因此人人都是治理者同时也都是被治理者；行政、立法、司法、外交、国防等不再是一个封闭的以及高高在上的官僚机构，而变成一个平台和机制；人不仅生而自由，而且永获自由，枷锁被彻底打开；每一个人就是整个国家，从而实现了马克思所预言的国家最终的消失。这样一个状态，可谓“新理想国”。

本书所作的努力，就是论证这些“大胆假设”，在理论上是成立的，在现实中是可能的。

II

2　协同进化

协同进化定律，是本书新作的一个概括，意指人类的进化是在工具[①]与社会协同进化并且工具进化起决定作用基础上的从动物到人再到“超人”的进化过程。[②]

这句拗口的话可以分解为如下更容易理解的内容：（1）人类的历史是一部从动物到人再到“超人”的进化史；（2）人是社会系统与工具系统的统一；（3）人的进化是社会与工具的协同进化；（4）在社会与工具的协同进化关系中工具的进化更具有决定性。

① 本书中的工具一词为广义概念，是包括手工工具、机器在内的各种生产生活资料的总和。

② 本书所概括的协同进化并非Ehrlich和Raven所提出的协同进化（co-evolution）。他们所言之协同进化指的是一个物种的性状作为对另一个物种性状的反应而进化，而后一个物种的这一性状本身又是作为对前一物种性状的反应而进化。这个定义是由Jazen提出来的，它要求特定性和相互性。参见王克照.智慧政府之路：大数据、云计算、物联网架构应用［M］.北京：清华大学出版社，2014：20.

2.1 人类的历史是一部从动物到人再到“超人”的进化史

2.1.1 人类是最优秀的进化者

通说认为，宇宙的历史有137亿年，地球的历史有45亿年，海绵生物的历史有7亿年，吴氏巨颅兽的历史有1.9亿年，非洲斑马的历史有400万年，而如你我一样的智人[①]只存在了20万年[②]。直到7万年前，智人不过是这个星球上一个微不足道、毫不起眼的物种，是栖息在东非的一种不怎么特别的灵长类动物。但是，在其后极短极短的时间里——这个时段恰如24小时的最后一秒——智人奇迹般地成为地球的主宰，实现了无可匹敌的繁荣。[③]今天的人类，已经负责起其他物种的命运，担当起对地球母亲的职责，同时执着地向地球以外的宇宙空间开疆拓土，尝试

① 为人类之一种，其他种类的人类已经不复存在。

② 根据基因图谱，人类的祖先与黑猩猩、大猩猩分道扬镳，发生在500万年前。但现代人的出现则是20万年前的事情。1967年左右，埃塞俄比亚发现的两块被称为奥莫人一代（Omo I）和奥莫人二代（Omo II）的头骨化石，经证实距今已有19.5万年，这是迄今为止发现的最早能被解剖的现代人类。

③ 今天，地球上住着大约70亿的智人。全球大概只剩下8万只长颈鹿，但牛有15亿头；灰狼只剩下20万只，但狗有4亿只；黑猩猩只剩下25万只，人有70亿。地球曾经是万物的家园，但现在只有被人类需求的才能“繁荣”；地球曾经是一片蓝天绿地，但现在已经成了混凝土和塑料构成的商场。可见，人类真的已经称霸全球。参见赫拉利.人类简史［M］.林俊宏，译.北京：中信出版社，2014：343.

在其他星球再建人类家园。①

"一将功成万骨枯"，诚哉斯言。在缔造强大的人类帝国的过程中，难以计数的物种消失了。②尽管存在伦理性争议，但现在的人类已经可以创造全新的物种，比如在水母身上采集一种荧光蛋白，然后进行基因改良，使它的发光率比原先提高了两倍，然后再将这种基因植入兔子的受精卵中，由此就能培养出发着绿色荧光的兔子。比如人类与动物细胞混合起来制造出"客迈拉猪"和"客迈拉羊"。甚至我们用考古发掘的基因标本，通过近亲繁殖技术，就可以让业已消失的物种重生——如同《侏罗纪公园》所演绎的情况一样。

2.1.2 人类已经从灵长类动物进化到"超人"的初级阶段

如果说造物是"神"的能力，从使用工具到制造工具，从驯养动物到创造生物，已经成为造物（工具物、生物）主的人类难

① 英国理论物理学家斯蒂芬·霍金不止一次声称，"现在人们正处于过度消耗地球的阶段，我们用几百年的时间用完了恐龙上亿年没有用完的资源，而剩下的资源已经不够人类再活千年"。"如果我们无法离开脆弱的地球的话，我不认为人类还可以再存活一千年。"

② 具体论述请参考以色列历史学家尤瓦尔·赫拉利的著作《人类简史》第四章"毁天灭地的人类洪水"。赫拉利.人类简史［M］.林俊宏，译.北京：中信出版社，2014：63-76.

道不是其他动物眼中的“神”吗？[①]如果说飞天潜渊、呼风唤雨、祛病求子、千里眼顺风耳等是神话传说中的法力仙术，早就具有这些能力的人类难道不是古时人类心目中的“神”吗？如果说动物与“神”的区别在于是被动受自然的摆布还是主动支配自然力，业已成为周围生物和自身命运主宰并且越来越不受自然摆布的人类难道不是越来越接近“神”的内质吗？人所具有的这种虽然还比较有限但日渐强大的超自然和控制物质世界的能力，使人与动物的距离越来越远，与宗教和神话中的“神”[②]的角色愈加趋同。历史雄辩地证明，人类是最优秀的进化者，并且在可以设想的未来，这种进化还将以几何速度前进。[③]所以，我们可以大胆断言，人类的历史就是一部从灵长类动物到人再到“超人”的进化史。生物的分类，更应将人类独立出来，采取人类、动物、植物和微生物四分法。

---

① 以色列历史学家尤瓦尔·赫拉利在其著作《人类简史》中对此进行了专门论述。参见赫拉利.人类简史［M］.林俊宏，译.北京：中信出版社，2014：407–408.

② 神，即宗教及神话中所指的主宰物质世界的、超自然的、具有人格和意识的存在。参见夏征农，陈至立.辞海［Z］.上海辞书出版社，2009：2004.

③ 哈彭丁与霍克斯的研究小组对人类进化速度展开了研究，发现与原始人类和现代黑猩猩的祖先分道扬镳相比，人类的进化速度在过去一万年里至少加快了100倍。这个研究小组将进化提速归因于人类迁居环境的多样性，以及农业和城市出现所带来的生活条件的改变。参见沃德.人类进化在倒退［J］.环球科学，2009（2）.

2.2 人是社会系统与工具系统的统一

2.2.1 对人的本质的追问

在关于人究竟是什么这个根本性问题上，人类从有自我意识之日起就没有停止过追问。古希腊哲学家从普罗米修斯的神话中得到启发，认为天神是工具和技术的创造者，人则是带着普罗米修斯所偷来的火和工具来到世界上的，由此天才式地猜测人是使用工具的动物。马克思深刻地认识到以往概括的局限性，超越性地提出人是一切社会关系的总和。[①]充盈于古希腊哲学家天才式的猜测与马克思超越性的概括之间的，则是古今中外对这个问题林林总总的洞见和觉察。

马克思关于人的本质的定义无疑具有高度的合理性。但是，若要揭示人何以从动物向“超人”进化这一谜题，恐怕要在马克思主义理论的基础上进一步思考，人这种被认为是社会关系的总和并且手握“神力”的动物，究竟是什么。

我们知道，以某一事物的对立面作为参照物来揭示该事物的本质，是一条捷径。幸运的是，人与动物的差距在历史上不断拉大并继续扩大——人在进化过程中，与其他生物[②]之间拉开的距

① 马克思对人的本质的论断：“人的本质不是单个人所固有的抽象物，在其现实性上，它是一切社会关系的总和。”马克思恩格斯选集：第1卷［M］. 北京：人民出版社，1995：56.

② 特别是与其最接近的动物，比如黑猩猩、大猩猩。

离，我们通常用“文明”这个概念来计量。[①]那么以下问题无疑值得追问：人类的文明相对其他生物而言是一种什么样的文明？横亘在人与其他生物之间的这道裂痕是从哪里撕开的？

2.2.2 发生学视角的勘察

1994年，人们在西班牙发现一具尼安德特人的骸骨。由于其与当代人类非常相像，以至于当地警方误认为这是一起谋杀案[②]。而考古学证实，尼安德特人已经从历史舞台上消失了24000年。智人最显著的变化是发生在尼安德特人消失之后的，但智人的外形却与尼安德特人相去不远，这一事件可以印证，智人的进化主要不是身体方面的变化。[③]如图2–1所示。

---

① 笔者认为，文明是人类利用内在力量与外在能量所创造出来的全部成果的总和。这个概念有多重用途，亦可计量人类与其最接近的动物祖先之间拉开的距离。

② 参见诺顿.九十九种垃圾加一记妙想：一部发明家和发明的古怪历史[M].高天羽，译.杭州：浙江大学出版社，2016：4.

③ 智人自从出现以来，外貌并没有发生多大的变化。有了火之后，他们的牙齿和颌骨比祖先小，而大脑容量又较大，与我们现在相当。以色列历史学家尤瓦尔·赫拉利就指出，“如果现代的停尸间突然出现一具智人的尸体，验尸官根本不会发现有什么不同”。参见赫拉利.人类简史[M].林俊宏，译.北京：中信出版社，2014：14.

图2-1 演化进程中的人体

智人与尼安德特人真实的交集发生在大约4.5万年前。彼时，一部分智人迁徙到了欧洲。那是一片鬣狗、披毛犀和大型猫科动物时时出没的土地，以及尼安德特人的天下。相比而言，智人体格瘦弱，身高只有1米左右，明显不是野兽或者尼安德特人的对手，但最终胜出的恰恰是他们。考古者在乳齿象这样的庞然大物的骨骼上发现了长矛，这就是智人取胜的秘密。这种修长轻便的长矛的顶端嵌着锋利的燧石，智人可以借此从远处猎杀大型动物，并将自己的风险大大降低。除此之外，智人还制造出了形形色色的专业工具，主要是用燧石、兽骨和鹿角打磨而成的。史学家认为，弹弓和弓箭的出现，以及围猎方式的创造，标志着人类有能力凌驾于一切动物之上。[①]从发生学的角度观察，正是对工具的创造和使用，在人类与其他动物之间撕开一道裂痕，并在接下来的岁月中衍生出具有超越性的文明。

① 诺顿.九十九种垃圾加一记妙想：一部发明家和发明的古怪历史［M］.高天羽，译.杭州：浙江大学出版社，2016：4.

2.2.3 逻辑分析的印证

同时，循着逻辑展开分析，相对于其他动物，人类的本性并不只在“自身”之“中”，还包括在“自身”之“外”。当遇到一头怒狮，我们恐惧它可以轻易撕碎猎物的利爪和獠牙。当看到一只飞鸟，我们羡慕它有可以自由翱翔的翅膀。但狮子和飞鸟的力量及其本性，所视即所有。狮子“自身”体现着狮子的本性，它本性不在其“自身”之外；飞鸟“自身”体现着飞鸟的本性，它的本性也不在其“自身”之外。人所具有的力量以及本性，则是仅凭外观所难以评测的，因此不能以貌取“人”。人是以“自身”加上“自身”之外的工具存在和生活于世界上的。人的本性不仅仅体现在“自身”之中，同时还体现在身外的工具中；不但人的劳动离不开工具，而且人的生活也离不开工具。[①]“假舆马者，非利足也，而致千里；假舟楫者，非能水也，而绝江河。君子生非异也，善假于物也。”[②]荀子认为“力不若牛，走不若马，而牛马为用”[③]的人类，最特别的地方就在于善于使用工具、借助外力。

所以，人类的文明不仅是一种社会性文明，而且是一种工具性文明。人的本质，既包括马克思所洞见的社会性因素，也少不了古希腊哲学家所猜测的工具性因素。当然，对这种工具性的认

① 李伯聪.社会形态的三阶段和工具发展的三阶段［J］.哲学研究，2003（11）.

② 载于《荀子·劝学》。

③ 载于《荀子·王制》。

识，马克思理论上也并未忽视。马克思指出，人把自己和动物区别开来的第一个历史行动并不是在于他们有思想，而是在于他们开始生产自己所必需的生活资料。[①]恩格斯也说，人类起源于劳动，而劳动是从制造工具开始的。现在的我们，已经对工具习以为常，从而在一定程度上忽视了其重要性。但假如今天有人需要接受惩罚，在十年内不能使用电脑、智能手机和现代交通工具，受罚者可能会感到比让他缴纳一笔数额巨大的罚款甚至服一段时间的自由刑更加难以接受，因为这实际上是将其逐出现代社会，剥夺了他与时俱进的资格。工具对人类来说，是不可缺少的一部分，而不是锦上添花。我们还可以想一想，在数万年的进化史上，人类身体并没有发生多少变化，但人类所使用的工具却不知演进了多少"代"。也就是说，人类的"内体"并没有多少变化，变化的是人类的"外体"。那么，脱离工具性因素考虑人的本质，否认这是一个技术所塑造的世界，这种思考至少是不完整的。

基于上述发生学与逻辑学两个角度的分析，我们认为，人类是社会系统与工具系统的统一，人类的文明相对于其他动物而言是一种"人具合一"的文明，人类的进化是社会力与自然力化合的结晶。人类的成功取决于我们的内在能与外部世界实现最佳的融合，从容自如地与外在相处，大自然的资源和外部世界的物力信手拈来为我所用。人之所以可以掌握"神力"，就在于其基于自我意识而形成的强大的内在，以及由此而产生的

① 马克思恩格斯选集：第1卷［M］.北京：人民出版社，1995：24.

驾驭外在世界的卓越能力。动物实验表明，鸟类、猫、狗、大象甚至是灵长类的猴子，都无法从镜子中认出自己的影像，目前可见的例外是大象、海豚以及与人类基因图谱非常接近的黑猩猩和大猩猩。人类所具有的这种能力，使人的活动可以呈现为两个向度：一是对内认识和改造自己；二是对外认识和改造世界。而其他动物，其活动原则上只存在于后一个向度中。人类不仅可以通过镜子认出自己，而且拿自己的经验教训当“镜子”，拿别人当“镜子”，拿环境当“镜子”，拿社会实践当“镜子”，通过这些外在的“镜子”不断认识自己、调整自己从而完善自己，这个过程造就了人类强大的内在。考古发现，在20万年的进化中，智人的脑容量扩大了三倍。这是人强大内在在生理上的表征。

当然，除了人类以外，其他动物也有能够使用工具的。比如生活在太平洋的加拉帕戈斯群岛上的啄木燕能够制作一根细枝条并随身携带，用来捕捉树皮里的虫子。而在北太平洋的阿留申群岛和堪察加半岛沿海的人们观察到，海獭把随身携带的石块放在腹部当砧板，然后用前肢抓住捕获的海胆或蟹，在“餐桌”的石砧上用力敲碎后食用。相比之下，黑猩猩更是使用工具的行家里手，这已为世人所熟知。但是，整体来看，动物界使用工具仍然是零星的和例外的，无论从范围还是从程度上看，都与人类存在质的区别，无法与人类相媲美。

2.3　人的进化是社会与工具的协同进化

2.3.1　马克思关于社会形态三阶段的理论

马克思说："人的依赖关系（起初完全是自然发生的），是最初的社会形态，在这种形态下，人的生产能力只是在狭窄的范围内和孤立的地点上发展着。以物的依赖性为基础的人的独立性，是第二大形态，在这种形态下，才形成普遍的社会物质变换，全面的关系，多方面的需求以及全面的能力的体系。建立在个人全面发展和他们共同的社会生产能力成为他们的社会财富这一基础上的自由个性，是第三个阶段。第二个阶段为第三个阶段创造条件。"①这句话对于分析社会与工具在进化方面的协同性，很有启发意义。

根据马克思关于社会形态三阶段的理论，在社会与工具的进化之间建立起一种协同性的关联是可能以及可行的，如表2-1所示。

表2-1　社会形态的三阶段与工具发展的三阶段

社会阶段	社会形态	工具层次
第一阶段	人的依赖性	手工（石器、青铜器、铁器）
第二阶段	人的独立性	机器（蒸汽机、内燃机、电气机器）
第三阶段	人的全面自由的发展	智能（互联网、信息技术、人工智能）

① 马克思恩格斯全集：第46卷上［M］.北京：人民出版社，1979：104.

马克思关于社会形态的三阶段与工具发展的三阶段的判断是定性的。斯坦福大学教授Ian Morris则以一种叫作社会发展指数的计算方式，定量记录了东西方人类文明的历史轨迹。结合定性与定量研究的成果，社会与工具之间的协同进化性昭然若揭。

2.3.2 社会与工具之间的协同进化性在三阶段中的呈现

第一阶段（公元前6万年至公元1800年）：手工工具时代和人的依赖性阶段。从图2–2可以看出，人类社会在公元1800年之前，始终处于一个缓慢的发展状态。这个阶段为手工工具时代，具体包括了石器时代、青铜器时代和铁器时代。[①]手工工具的特点是初级性、简陋性和孤立性。生活在蛮荒时代，身体相对柔弱的人类只拥有简陋的手工工具，就不得不与其他智人相互依赖。因此，这个时代的社会形态，最核心的一点就是马克思所概括的“人的依赖性”。[②]对此，摩尔根在《古代社会》一书中作了如下的表述：“当我们按时间和发展顺序向上溯而按人类进步水平向

① 马克思指出：“尽管直到现在，历史著作很少提到物质生产的发展，即整个社会生活以及整个现实历史的基础，但是，至少史前时期是在自然科学研究的基础上，而不是在所谓历史研究的基础上，按照制造工具和武器的材料，划分为石器时代、青铜时代和铁器时代的。”马克思恩格斯选集：第1卷［M］.北京：人民出版社，1995：142.

② “像是一对一，甚至十对十的时候，人类是比不过黑猩猩。……人类和黑猩猩之间真正不同的地方就在于那些虚构的故事，它像胶水一样把千千万万的个人、家庭和群体结合在一起。”赫拉利.人类简史［M］.林俊宏，译.北京：中信出版社，2014：38.

下看的时候，人类的发明是越早越简单，越早越同人类的基本欲望直接相关；人类的组织也越接近一个原始形态，那就是，由血亲组成一个氏族并推举一个氏族酋长，而有近亲关系的若干氏族则组成一个部落，部落由一个酋长会议领导。”[①] 人之间所存在的这种强依赖性，造就的是普遍的人身依附关系和广泛的不平等状态。

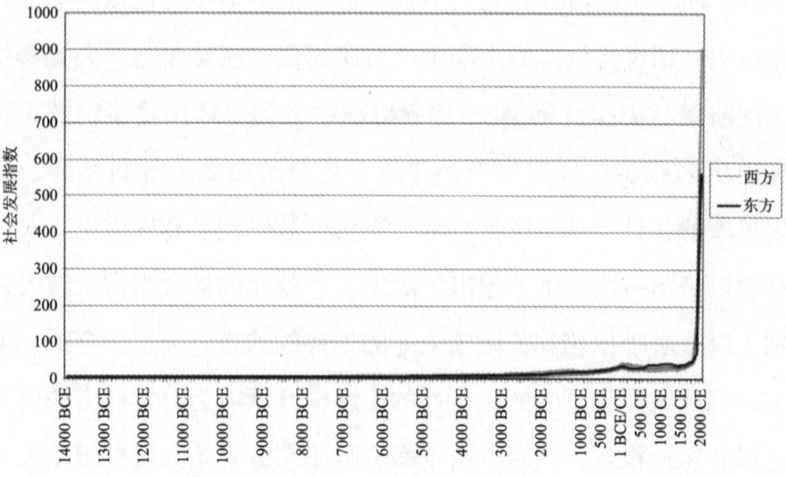

图2-2 东西方社会发展指数（公元前14000年—公元2000年）[②]

第二阶段（公元1800年至2000年）：机器工具时代和人的独立性阶段。从图2-2可以看出，人类社会的发展指数在公元1800年之后以异于过往的曲率直线拉升。这个时期发生的最重大

① 摩尔根.古代社会：上册［M］.杨东莼，马雍，马巨，译.北京：商务印书馆，2012：38.

② 图片来源：MORRIS I. Social Development［M］. Redwood：Stanford University Press，2010.

的事件是工业革命。马克思说，“生产方式的变革，在工场手工业中以劳动力为起点，在大工业中以劳动资料为起点。因此，首先应该研究，劳动资料如何从工具转变为机器”[①]。机器工具时代始于煤炭与蒸汽机的结合，然后是石油与内燃机的结合，以及石化燃料与电力的结合。蒸汽机、珍妮机、火车、轮船等机器系统的出现及其大规模运用，创造了与以往的小生产模式所不同的大生产，使“资产阶级在它的不到一百年的统治中所创造的生产力比过去一切世代创造的全部生产力还要多、还要大”。[②]人类物质上的匮乏状态至此终结。“比起以前，人类生产出更多钢铁，制作出更多服装，兴建出更多建筑，还制造出令人瞠目结舌、超出想象的各种产品，像是灯泡、手机、数码相机和洗碗机。人类有史以来第一次，生产超出了需求。”[③]物质的极大丰富，使人告别了以往必须依赖和依附他人才能生存的状态，人权、自由、平等、尊严这类彰显人的独立性的主题词开始成为人类社会的内在逻辑和运行根基。同时，由于西方早于东方开始大规模运用机器系统，西方文明在这个时期一跃而领先于东方。

第三阶段（2000年至今）：智能工具时代与人的全面而自由的发展阶段。马克思生活在19世纪，那个时候还是机器时代的上升阶段，人们难以想象作为未来社会形态基础的物质状态，但他作出了天才的判断：社会发展的第三形态是建立在“共同的社

① 马克思恩格斯全集：第46卷上［M］.北京：人民出版社，1979：408.

② 马克思恩格斯选集：第1卷［M］.北京：人民出版社，1995：256.

③ 赫拉利.人类简史［M］.林俊宏，译.北京：中信出版社，2014：338.

会生产能力成为他们的社会财富”的基础之上的，即所谓的“社会基础设施”。社会基础设施是对机器的一种超越。“例如，互联网就是一种‘信息基础设施’(information infrastructure)。我自然不会认为现在的互联网已经就是马克思所说的那种‘共同的社会生产能力’了，但我们似乎有理由肯定现在的互联网就是马克思所说的那种‘共同的社会生产能力’的‘萌芽’(请注意‘萌芽’二字)。”[①]马克思所说的“社会基础设施”，应当是一种开放的、共享的、免费的、无门槛的智能工具。机器工具和智能工具的区别在于，机器工具是人的外在力量（主要指体力）的延伸，智能工具则是人的内在力量（主要指脑力）的延伸。在机器工具时代，人类实现了人自身与工具紧密的融合，使人外在的力量和速度延伸至无穷。在智能工具时代，人类将与工具更为紧密地融为一体，使人内在的智慧延伸至无穷。人类开始迈入智能工具时代，实际上也不过是二三十年的光景，但以全球化和互联网加速发展为背景以及以计算机技术、生物技术、信息技术为基础的智能工具却开始展现出难以想象的潜力。“比蒸汽和电报更加有力，也不会主要被用来生产食品、纺织物、汽车和武器。21世纪的主要产品将会是身体、大脑和思想。”[②]“虽然我们现在还说不清楚未来社会形态中的‘社会基础设施’具体‘样态’和具体运行状况，但我们似乎可以预见：在未来新社会形态的‘社会基础设

① 李伯聪.社会形态的三阶段和工具发展的三阶段［J］.哲学研究，2003（11）.

② 这是Yuval Noah Harari的新书*Homo Deus: A Brief History of Tomorrow*中的观点。

施’的‘运行’中，将出现新形式的生产和生活的统一、个人和社会的统一、自由和约束的统一、理想和现实的统一。”①当前，科学家重点关注的是硅材料的开发，预计不需多长时间，就能实现以碳材料为基础的人脑与以硅材料为基础的机器的兼容以及人工智能超越自然智能并合二为一，人脑的超越性进化指日可待。展望未来，彼时的人脑可谓“超脑”，彼时的人可谓“超人”，真正实现所谓的全面而自由的发展。

2.4 在社会与工具的协同进化关系中，工具的进化更具有决定性

2.4.1 工具决定性的理论根据

摩尔根在考察了古代社会的发展情况后指出：“人类从发展阶梯的底层出发，向高级阶段上升，这一重要事实，由顺序相承的各种人类生存技术上可以看得非常明显。人类能不能征服地球，完全取决于他们生存技术之巧拙。”②马克思通过历史唯物主义理论指出，生产力发展水平决定社会形态，社会形态是生产力水平的反映、量度和表征。进一步说，作为生产力中决定和活跃因素的技术，则决定、制约着社会发展的形态。对此，马克思提供了具象

① 李伯聪.社会形态的三阶段和工具发展的三阶段［J］.哲学研究，2003（11）.

② 摩尔根.古代社会：上册［M］.杨东莼，马雍，马巨，译.北京：商务印书馆，2012：21.

的表述："手推磨产生的是封建主的社会，蒸汽磨产生的是工业资本家的社会。"[①]"动物遗骸的结构对于认识已经绝迹的动物的机体有重要的意义，劳动资料的遗骸对于判断已经消亡的社会经济形态也有同样重要的意义。各种经济时代的区别，不在于生产什么，而在于怎样生产，用什么劳动资料生产。劳动资料不仅是人类劳动力发展的测量器，而且是劳动借以进行的社会关系的指示器。"[②]

如果认同人类的进化是社会系统与工具系统的协同进化，那么在此基础上更进一步，我们可以认为，社会系统是工具系统的函数，工具系统在人类进化中起着决定性作用。[③]这个决定性作用意味着，工具系统是决定社会系统以及人类进化的根本原因，其他原因与工具系统比较起来，处于次要或从属的地位。[④]

2.4.2 工具决定性的历史考察

当然，这个结论是从理论到理论的结果。为了印证这个结论，我们可以想一下如下几个问题：工业革命、科技革命出现

---

① 马克思恩格斯选集：第1卷［M］.北京：人民出版社，1995：108.

② 马克思恩格斯全集：第23卷［M］.北京：人民出版社，1972：204.

③ 当然，工具决定以及作用于社会和人类进化，是一种复杂和非线性的关系状态。

④ 关于马克思本人是否是技术决定论者的问题，学界有不少讨论。有代表性的文章可阅读：刘立.论马克思不是"技术决定论者"［J］.自然辩证法研究，2003（12）.赵青霞，杨小明.马克思不是"技术决定论者"吗?：兼与刘立先生商榷［J］.自然辩证法研究，2004（8）.笔者赞同马克思为技术决定论者，并在循着该思想展开分析。

的时间与人类古代与近代的分水岭如此相近，难道只是一个巧合？[①]如果制度是最紧要的东西，为什么对关键性的技术别人出再高的价格美国也不会卖，但所谓的民主宪政体制却可以免费推广，甚至费尽心思花大成本硬塞给别人？菲律宾作为在社会制度层面西化最彻底的亚洲国家，为什么没有实现振兴，反而抱怨美国没有给它“实惠”而在2016年之后与之交恶，它想要的“实惠”究竟是什么？为什么美国近些年不断对中国、俄罗斯等国家进行所谓的“制裁”，大搞科技霸凌，用芯片等高科技产品进行“卡脖子”，但对其“价值观”却疯狂输出？

结合图2–2以及图2–3可以看出，人类社会的发展指数总体上是由慢而快上升的。正如摩尔根所揭示的：“现在我们面临的是人类发展进度比例这个重要的问题，这个问题同人类文化各阶段的相对长度直接有关。人类发展进度自始至终是循着几何比例的，虽不是严格遵守这个规律，但基本上是如此。”[②]人类社会的发展程度有众多的指标，但最简单也最直接的是人口数量。在1700年，全球有将近7亿人。1800年增加到9.5亿人，1900年增加到16亿人，到了2000年达到60亿人，[③]到2022年突破80亿人。人类用了300多年的时间，增加了十几倍的人口。那么，就人类

① 1776年，瓦特发明了蒸汽机，亚当·斯密出版了《国富论》，美国国父们发表了《独立宣言》。这一年可以作为人类文明发展历程中的一个界碑。

② 摩尔根.古代社会：上册［M］.杨东莼，马雍，马巨，译.北京：商务印书馆，2012：40.

③ 李中清，王丰，纪南.马尔萨斯模式和中国的现实：中国1700~2000年的人口体系［J］.中国人口科学，2000（2）.

来说，以几何级数增长并在最近几百年里显著提高水平的，如果不是技术和工具，难道是智力、体力或者制度？相比而言，还是技术和工具的决定性作用更有说服力。而把东西方拆分开来看，在相当长的历史时期东西方的发展指数是差不多的，但是从公元500年到公元1700年是东方显著领跑的阶段，此后则是西方领跑的阶段。这在很大程度上是因为，公元500年后，东方的铸铁、火药、指南针、纺车、风车、水车、农业技术等技术发明所代表的科技水平远远超过西方。到了该阶段的顶峰宋代，中国的铸铁量已经达到了每年十几万吨，而直到公元1700年，整个欧洲的全部产量才达到这个数值。这个状态如果没有蒙古铁骑侵入，也许还会持续；如果蒙古铁骑的路线不是自东而西并且在匈牙利戛然而止，领跑人的转换也不会这么快。蒙古铁骑彻底摧毁了东方社会在该阶段所达到的最高文明。但整个西欧不仅幸免于难，而且宋代所达到的高度文明特别是技术发明跟随蒙古铁骑的脚步传了过去，并在西欧发扬光大。中国的火器到来以后，迅速被发展成火枪和火炮；中国的指南针到来以后，迅速武装了西欧的航海队伍。工业革命后，西方的技术水平彻底超越东方。通过这个削峰填谷的历史性转换，西方社会发展指数抬头向上，并至今仍领先于东方。当然，东方的社会发展指数也从20世纪开始起飞，目前虽然落后于西方，但已经显示出奋起直追的迹象。总体来看，人类社会以几何级数的发展进步，东西方之间的起起伏伏，导演这一切的，不是人类的“内体”，而是人类的“外体”。因此，我们可以说，在人类进化过程中，工具的进化更具有决定性。

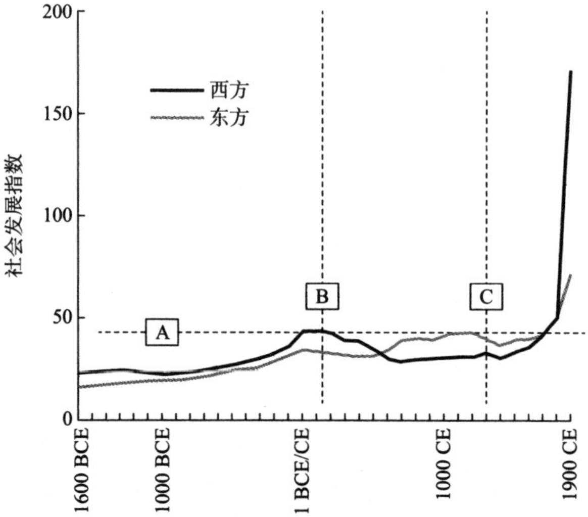

图2-3 东西方社会发展指数（公元前1600年—公元1900年）①

2.5 技术及技术主义的限度

2.5.1 “李约瑟难题”引发的技术与制度思考

技术是万能的吗？众所周知，著名的李约瑟难题的内容是：“尽管中国古代对人类科技发展做出了很多重要贡献，但为什么科学和工业革命没有在近代的中国发生？”它所隐含和导向的答案是，技术不是万能的，如果没有有利于技术的开发、推广和应用的制度，技术根本就没有发展的空间。我们知道，蚊子

① 图片来源：MORRIS I. Why the West Rules—for Now: The Patterns of History and What They Reveal About the Future［M］. London: Profile Books, 2011：168.

是人类的第一杀手，直到现在每年还至少有70万人命丧于其毒针。①身在诞生了青蒿方的国度，康熙因蚊子叮咬而染上疟疾，帝国御医束手无策，万般无奈之下求助于西方传教士提供的金鸡纳霜。他在治愈后把金鸡纳霜视作圣药，但他没有举国推广，反而藏于深宫。十几年后，康熙的心腹曹寅在江宁也患了该病，皇帝急忙派人赶去送药，但仍然晚了一步。曹寅就是曹雪芹的父亲，死于疟疾时监管江宁织造和两淮盐务。曹寅权势极大且家财万贯，但依然无法方便地获得金鸡纳霜。这个历史事件被看作技术力量不够强大的例证，得出的结论是“没有伟大制度，人类连蚊子都赢不了”。但这只是问题的一个方面，在另一方面，如果把时间尺度拉得足够长，前述有碍于科技发展的制度还在存续吗？封建制度、帝国体系早已烟消云散，而技术文明却光芒万丈，哪个力量更强大，不是一目了然吗？

2.5.2 智能工具的局限性与可能性

当前的智能工具总体上仍处于弱智能阶段，并正在朝未来的方向——通用智能发展。一方面，智能工具的仿真能力不断得到提升，虚拟与现实边界日益模糊。比如人脸替换技术、语音合成技术已经被大量应用，而数字人（Digital Human）技术，即融合计算机视觉、语音合成、视频合成、自然语言理解等多模态智能

---

① 黄昱栋，孙凯，路惠馨，等.昆虫病毒资源的开发及其应用进展［J］.病毒学报，2022（3）.

技术，已经成为智能领域的新风口。另一方面，智能工具的身体能力不断增强，人机共处成为现实。比如据英国《新科学家》周刊网站2022年7月18日报道，一个四足机器人仅用一小时就学会了如何不跌倒地走路，与新生马驹所需的时间大致相当。[①]再如法国初创公司（NextMind）发布了世界上首款可以用于实时交互的可穿戴、非侵入式脑机接口，用意念实现视频播放、调整音量等；在患者假肢中加入神经接口设备，保留了动态肌肉的反馈系统，使患者行动更为灵活。

但客观地说，至少在当前我们不应过分迷信以信息技术和定量分析模型为基础的智能工具。这是因为，尽管智能工具的浪潮已经袭来，但实际发展仍然不如想象中的快；智能工具所带来的恐惧与希望被炒作和夸大，但改变人类命运的情况在短时间内还不会到来；智能工具所需要的软件发展迅速，而基础设施的发展严重滞后。思维包含了逻辑思维、形象思维等，人的创造性来源于逻辑思维与形象思维的结合，这是一种定性与定量、宏观与微观相结合的处理方式。当前的电脑在逻辑思维等方面做得已经很好，甚至胜于人类，但在形象思维方面还有很长的路要走。只有把人脑和电脑结合起来，机器的智能才能发展和体现出来，也才能进化出越来越强大的超级个体。就目前的智能工具而言，还是“投入多少人工，才有多大智能”。但

① 参见四足机器人“莫蒂”一小时学会走路［EB/OL］.（2022-07-22）［2023-02-12］. https://baijiahao.baidu.com/s?id=1739043615042606754&wfr=spider&for=pc.

是如果调整观察的时间尺度，从趋势上看，智能科技早晚有达到甚至超过预期的那一天。互联网已经释放出的力量和对世界的改变难道还不能震撼我们的心灵吗？[①]对于暂时还做不到的，只有早或者晚的区别，没有能或者不能的选项，这就是科技的无限魅力所在。

2.5.3 技术以及技术主义的五个方面限度

当然，相对来说，技术以及技术主义必然也存在一定的限度，表现在以下五个方面。

第一，基础科学方面的限度。智能科技是一个融合了物理学和生物学的交叉领域，其复杂性和难题在于智能物种与生俱来的任务与价值链条和物理环境客观的现实与因果链条之间的兼容问题，对此，加州大学洛杉矶分校朱松纯教授认为，“说到底，人工智能要变成智能科学，它本质上必将是达尔文与牛顿这两个理论体系的统一”[②]。但是在这个最根本的问题方面，截至目前还没

---

① 英国工程师Tim Berners-Lee为便于同事之间交流，发明了一种传输数据的方式，称为万维网（World Wide Web）。截至2021年底，全球上网人口达到49亿，大约占全球人口的63%。（数据来源：人民网研究院于2022年6月29日发布的《中国移动互联网发展报告（2022）》。）我们目前所在的这个世界，尽管各地制度、文化、情况不同，但难道不都是被这个小技术连接到一起，并改变了交往、交流以及生产生活方式吗？至于禁止和限制使用互联网的国家，我们都相信，如果它不改变，则无法维系太久。

② 朱松纯.浅谈人工智能：现状、任务、构架与统一［EB/OL］.视觉求索（微信公众号），2017-11-02.

有实质性突破。美国计算机科学家唐纳德·克努特的如下判断可资印证:“人工智能已经在几乎所有需要思考的领域超过了人类,但是在那些人类和其他动物不需要思考就能完成的事情上,还差得很远。”①

第二,材料工艺方面的限度。智能科技的硬件基础是集成电路,集成电路的发展速度被概括为“摩尔定律”,即自集成电路量产以来,总体上每隔18个月的时间,集成电路上的晶体管的数量就要翻倍。“随着半导体技术逐渐逼近硅工艺尺寸极限,集成电路进入‘后摩尔时代’,期待在材料和工艺上有革命性的突破才能继续保持以往的发展速度。”②

第三,为预防技术专家暴政所设定的限度。在《黑客帝国》系列电影当中,程序员成为主宰一切的“上帝”,它所提示的就是技术专家的力量不可小觑。当前,世界最大的30家互联网企业掌控全球90%以上的互联网流量,其能力和优势不亚于一个国家政府。③在绝大多数国家,在政府部门“互联网+”和智慧政务建设过程中,是技术公司而不是政府部门掌握了所有的数据和信息。所以,技术没有限度,但恰恰我们应当为技术确定限度,以避免人反被人所发明的技术所挟持。著名的经济学家威廉·伊

① 由知乎“谢熊猫君”翻译,引自http://tech.163.com/15/0210/16/AI3VNEES00094P0U_all.html,原文链接:http://waitbutwhy.com。

② 邬贺铨.现代信息科技的发展与产业变革(十二届全国人大常委会专题讲座第七讲讲稿)[EB/OL].(2017-10-10)[2023-02-12].http://npc.people.com.cn/n/2013/1112/c53040-23515499.html.

③ 曲晏宏,陈凯,彭京蕊.基于平均日增量对互联网的现状与未来发展趋势研究[J].电脑知识与技术,2022(1).

斯特利在*The Tyranny of Experts*[①]一书中告诫我们要提防技术专家的暴政，实际上，如果不能正视科技的力量，则极容易忽视技术专家的暴政。

第四，为防范智能工具发展不当引发风险所设定的限度。创新是智能工具的价值灵魂，安全是智能工具发展的现实前提。根源于其技术属性和社会属性高度融合的特性，智能工具所具有的脱离人类控制的可能性、所产生危害后果的严重性以及其发展程度的不确定性足以让我们有充分的理由对其发展保持“必要的恐惧”。而它在改变就业结构、冲击法律与社会伦理、侵犯个人隐私、挑战国际关系准则等方面所造成的现实影响，已经日渐逼近。为此，在全面推进智能科技发展的同时，必须秉持安全原则和风险意识，对其在政府管理、经济安全和社会稳定乃至全球治理方面的影响进行密切跟踪、评估和监管，形成人、技、物、管配套的风险监测、预警和防护体系，建立研发设计人员道德规范和行为守则、智能技术的应用规范以及智能安全的监管规范，最大限度地降低风险，确保智能工具发展安全、可靠以及可控。研究制定规范智能工具发展的法律法规和伦理规范，对智能机器的主体地位[②]、智能机器作品的权利归属[③]、智能机器致人损害的责

① 中文译作《威权政治》，更贴切的翻译应为《专家的暴政》。该书于2016年由中信出版社出版。

② 2017年10月26日在沙特阿拉伯首都利雅得举行的“未来投资倡议”大会上，“女性”机器人索菲娅被授予沙特公民身份。她也因此成为史上首个获得公民身份的机器人。

③ 机器人“微软小冰”诗集《阳光失了玻璃窗》于2017年5月由北京联合出版社出版。

任承担、信息安全利用和隐私保护等问题对传统法律制度带来的冲击，进行前瞻性研究，并适时制定机器人法、机器人伦理规范。[①]

第五，为防止人本身的退化所设定的限度。人类在机械化进程中解放了人的体力，但让人类的身体机能大为退化。现在的人类，还有多少人能够适应自然界残酷的生存环境？如果我们把它作为一个教训予以汲取，那么必须考虑的是，与机械化解放人的体力不同，智能化将解放人的智力，在这个过程中要确保人类的智力不因智能化进程而有所减损。此外，智能化还会影响人的体验。比如说，有人非常享受驾驶的乐趣，但随着无人驾驶技术的普及，人们最终会发现实现全面的无人驾驶比人驾驶、无人驾驶并存的局面在安全性和效率性方面好很多，换言之，于此时，人的驾驶反而成了阻碍发展的因素，然后就会被考虑限制甚至禁止。那么，人类自身的驾驶技术以及相应的驾驶体验也将不复存在。是否要付出这样的代价，还是对智能化的进程作出相应的限制？这是一个在不久的将来人类不得不面临的取舍问题。

---

① 对人工智能所引发的现代性的负面影响，以及所应当采取的预防性行为和因应性制度，请参见吴汉东.人工智能时代的制度安排与法律规制［J］.法律科学，2017（5）.

III

3　智慧国家

智慧国家指的是把智能工具内嵌到国家治理活动当中，实现国家治理与智能工具深度融合，从而具有较高国家治理商数的国家形态。传感器、万联网、移动设备、大数据、超级计算、区块链、脑科学等系列智能科学技术在经历一甲子[①]的千锤百炼后，于2010年前后发生质变，呈现出加速发展、链式突破、整体推进的格局，标志着智能工具时代的来临。这项划时代的科技已经开始深刻改变人类社会生活、改变世界，最终改变人。人的改变是最根本的以及最终极的改变，当承载着生物科技、信息科技、超级计算等智能科技的工具常态化地内嵌或者穿戴在人体上，当人与智慧工具长期共融共生，当人的机器化与机器的生命化的进程从泾渭分明到合二为一，那么人将成为事实上的“人机合体”——这是一种与传统意义上的“人”不同的“新物种”。[②]如图3–1所示。

① 1956年，约翰·麦卡锡、马文·明斯基、纳撒尼尔·罗切斯特、香农四人在美国达特茅斯大学组织召开了夏季人工智能研讨会，会议使“人工智能”得到了计算机科学界的认同，开创了一个崭新的科研领域。是年被认为是人工智能元年，约翰·麦卡锡、马文·明斯基等人被称为人工智能之父。

② 段永朝、姜奇平提出，互联网是一个凝结了人的智慧的造物，并且是将人、人们、人们的生活深深卷入其中的造物。建立在这个造物基础上的“解放”，就是新物种的诞生过程。参见段永朝，姜奇平.新物种起源：互联网的思想基石［M］.北京：商务印书馆，2012：92.本书认为段永朝、姜奇平所提出的新物种一说颇具启发性，但这种新物种并非人与互联网的共同体，而是人与智能工具的共同体。这是与本书观点的不同之处。

图3-1 人演化成人机合体

根源于人进化为人机合体，与此相适应的国家形态，即智慧国家，正在形成。如果现在还认为智能工具时代很远、人机合体和智慧国家仍然遥不可及，未免过于保守。“人工智能之父”约翰·麦卡锡指出：“一旦一样东西用人工智能实现了，人们就不再叫它人工智能了。”[①]这种误判如果以麦卡锡命名，可以称之为“麦卡锡误判”，对此不可不防。人类社会早已是一个与弱人工智能共融共生的存在，并且阔步走在通过强人工智能达到超人工智能的征程上。

3.1 智能是使宇宙免于热寂的能力

3.1.1 热力学第二定律的钳制

热力学第二定律（表达式为：$\Delta S \geqslant 0$）确定了一个衡量系

① 王卫华，杨俊.人工智能发展之人学价值的经济哲学反思［J］.西安财经大学学报，2022（3）.

统混沌程度的态函数，即熵（S）。它所揭示的是：一个孤立的热力学系统的熵（无序程度）不减。若过程可逆，则系统的熵保持不变；若过程不可逆，则系统的熵增加。换言之，熵总是增加的。当其增无可增之日，就是系统热寂之时。热寂即系统达至完全均匀的热动平衡状态，不再发生些许变化，直可谓万劫不复是也！

你我所处的宇宙，尽管趋向于无限，但依目前所知，仍为一个孤立而封闭的系统，其外仅为虚无，并未脱离热力学第二定律。因此，我们只能假定，宇宙的演化是一个持续熵增以致所有的物质和能量走向无序直至热寂的过程。形象地说："从大爆炸迄今，100亿年来，宇宙从一团致密而极热的原始物质慢慢冷却。""初时炽热难当，然后嘶嘶作响归于冰冷的死寂。""所有秩序都终归于混沌，所有火焰都归于消灭，所有变异都归于平淡，所有结构都终将自行消亡。"①

已知的可以对抗这个趋势的作用力有二：一为万有引力；一为生命力。在星际尺度中，由于万有引力的作用，系统趋向聚合的有序状态，所以展现给我们的是一幅分层次成结构的宇宙图景，错落有致，妙处丛生。但万有引力所扮演的角色，究竟只是阻击、延缓宇宙的无序膨胀，还是能够在宇宙膨胀到某一临界值时力挽狂澜、改天换地，还未可知。

---

① 凯利.失控［M］.张行舟，陈新武，王钦，等译.北京：电子工业出版社，2016：628.

3.1.2 超级智能是人类永续存在的希望

那么，似乎只能寄希望于生命力。量子力学的奠基人欧文·薛定谔将生命活力称为“负熵”，意即与热力学的熵增反向。自然万物趋向于从有序到无序的过程，为正熵。相应地，生命力通过不断抵消产生的正熵，使其维持在一个稳定而低的熵水平上，这个有序化的过程，即为负熵。我们把熵增和万有引力作为定量，把宇宙的死寂作为可以预见的结论，那么，唯一的变量就在于生命力。

人类已经站在了所有已知生物的金字塔顶端。当我们用“奥卡姆剃刀”[①]直触根本，这个金字塔无疑是一个智能程度的量尺。人类因具有最高的智能而鹤立于塔尖，但也仅此而已。我们很难突破人类固有的局限，上升到更高一个“箱体”。举个简单的例子，我们只是三维生物，所持的智能无法进入更高的维度，而维度的高低是一种掌控生死的力量。历史上人类不同程度心心念念的造物主或者上帝，如果有，一定是高于三维的存在。所以，若使宇宙免于热寂，需要人类去塑造或者说去解放超越人类本身的智能，实现智能的实质性进化，从而使生命力之负熵强大到足以抵消熵增。

这场确保人类永续存在的家园拯救行动所面对的“对手”，除了熵增的速度，还有宇宙的无垠。美国麻省理工学院的

---

① 14世纪英格兰的逻辑学家奥卡姆在《逻辑大全》中指出：“如果人们能够以较少的东西行事，就不应该假设有更多的东西。”后人将其概括为“奥卡姆剃刀”，意即：如无必要，勿增实体。参见汪明凯.关于奥卡姆剃刀原理的证明［J］.大科技（科学之谜），2014（5）.

Winston教授关于人工智能的定义或许能代表很多人的看法，他认为“人工智能就是研究如何使计算机去做过去只有人才能做的智能的工作”[①]。于此层面的智能，与我们所要完成的使命，是远远不相适应的。智能工具作为人既有智能的延伸和提升，若只因循模仿，停滞在人之智能之下，它将毫无意义。只有以夸父追日的精神和幂的速度演化发展超人工智能（而非弱人工智能以及强人工智能），才是宇宙存续的关键所在，也才是人类家园能够永续存在的希望所在。而它之所以存在现实的可能性，就在于智能“递归的自我改进”[②]。

3.2 智慧国家是与智能工具时代以及人机合体这一“新物种”相适应的国家形态

3.2.1 智能工具时代的开启

在前章表2-1的基础上增加国家要素，可以生成国家形态与

① 胡勤.人工智能概述［J］.电脑知识与技术，2010（13）.

② Tim Urban对这个概念解释道：“一个运行在特定智能水平的人工智能，比如说类似人类脑残的水平，但具有自我改进的机制。当它完成一次自我改进后，它比原来更加聪明了，我们假设它到了爱因斯坦的水平。而这个时候它继续进行自我改进，然而现在它有了爱因斯坦水平的智能，所以这次改进会比上面一次更加容易，效果也更好。第二次的改进使得他比爱因斯坦还要聪明很多，让它接下来的改进更加明显。如此反复，这个强人工智能的智能水平越升越快，直到它达到了超人工智能的水平——这就是智能爆炸，也是加速回报定律的终极表现。”参见Tim Urban的两篇文章：*The AI Revolution: Road to Superintelligence*和*The AI Revolution: Our Immortality or Extinction*。

工具形态的对应表，如表3-1所示。

表3-1 国家的三种形态及其与工具形态的对应关系

工具形态	社会形态	人类形态	国家形态
手工工具	人的依赖性	人类的时代	农牧业国家
机器工具	人的独立性	人民的时代	工商业国家
智能工具	人的全面自由的发展性	人的时代	智慧国家

人类的历史，每个阶段都有一个宏大而独特的主题。这个主题，在西方表现为：在中世纪是“宗教与威权”，在启蒙时期是“人本与理性”，在近代是“殖民与独立”，在当代则是“科技与创新”。置身于21世纪的人们，比以往任何一个时代的祖先，更能切身地感受到科技所展现出来的激动人心的力量以及对每一个人的生活所产生的翻天覆地和日新月异的影响。

“马歇尔·麦克卢汉和很多学者都注意到，衣服是皮肤的延伸，车轮是脚的延伸，相机和望远镜是眼睛的延伸。我们的科技创造是对由基因构成的身体的极大外延。”[①]而恰如约翰·冯·诺依曼所指出的：“不论是近期，还是遥远的未来，科技会逐渐从强度、物质和能量问题转变为结构、组织、信息和控制问题。”[②]现代科技的伟力就在于不断突破人的体力、脑力局限，创造新的无限可能。今日人类社会科技创新之重点，已

① 凯利.科技想要什么［M］.严丽娟，译.北京：电子工业出版社，2016：54.

② 凯利.科技想要什么［M］.严丽娟，译.北京：电子工业出版社，2016：50.

经从延伸人的体力转变到延伸人的智力上。人类社会已经从手工工具时代、机器工具时代进阶至智能工具时代。而当下及未来之人类，已经从传统意义上的人，逐步成为“人机合体”的“新物种”。若留心观察，作为人的“外体”的工具，是沿着机械化、信息化和智能化这条路径发展的。目前我们已经真切地感受到了信息化，它是通过社会的数据化和数据的社会化来实现的。而智能化的时代亦已开启，它是通过生命的机器化和机器的生命化来实现的。关于智能化，当下各界讨论的重点是智能威胁和取代人类的可能性，这个议题或许恰因本源的毫厘之失导致结论的谬之甚远。生命的机器化和机器的生命化是同一问题的两个面向，生物状态与机器状态不是对抗关系而是融合关系，生物是机器的内体，机器是生物的外体，内体发挥决定作用，外体提供无限可能，内外共体，是谓“人机合体”。人与机器不是竞争关系。实际上，人与人才是竞争关系，机器与机器才是竞争关系，最根本地，人与人是在机器竞争基础上的竞争关系。

3.2.2 智能工具时代的三个基本要素

智能工具是人类进化进程中的那颗“王冠上的明珠”。它以互联网、物联网、大数据、超级计算、人工智能等为基本内容，通过“系统+数据+算法+深度学习”不断进化。是的，这里用的是“进化”。智能工具的价值就在于通过不断地进化去完成人所不能之工作，但必须在人的控制之下完成。从某种意义上来说，智能工具时代的三个基本要素是：第一，连接，这是智能工具时代的生产关系；第二，数据，这是智能工具时代的生产资料；第三，计算，这是智能工具时代的生产力。人类在进入21世纪后，在连接上不断深化而缔结万联网，在数据上不断覆盖而合成大数据，在计算上不断提高而造就超级计算。在智能工具时代，以万联网、大数据、超级计算为代表的智能工具发展到了一定的程度，以至于相应的生产关系已经形成、生产资料已经齐备、生产力已经达标，一个相异于过往的大时代由此开启。①

3.2.3 “智能工具+国家治理”的结果是形成智慧国家

从世界历史看，任何一种划时代的技术所引发的科技革命，不仅会推动生产力大发展，也会引发生产关系和社会组织形式大调整，进而对文明的演化产生重大而深远的影响。对此，马克思形象地指出：“手推磨产生的是封建主的社会，蒸汽磨产生的是工业资本家的社会。”②智能科学，“作为研究、开发用于模拟、延伸和扩展人的智能的理论、方法、技术及应用系统的一门新的技

① 何哲认为“网络时代、大数据时代、人工智能时代都是一个高度统一人类社会新时代的不同侧面，三者是三位一体的关系，共同反映了新时代的本质特征”。参见何哲.人工智能时代的政府适应与转型［J］.行政管理改革，2016（8）.本书认为，这个新时代可以概括为智能工具时代。网络、大数据尽管亦有独特侧面，但归总于智能工具也算差强人意。

② 马克思恩格斯选集：第1卷［M］.北京：人民出版社，1995：108.

术科学，旨在了解智能的实质，并生产出一种新的能以人类智能相似方式做出反应的智能机器，其研究领域包括机器人、语音识别、图像识别、自然语言处理和专家系统等，呈现出深度学习、跨界融合、人机协同、群智开放、自主操控等新特征。这一技术科学将改变甚至颠覆人类现存生产工作和交往方式，改变人本身，由此出现一个以新的技术结构支撑新的社会结构的人类新时代”[①]。新的社会结构，是由“智能工具+”所引发的变革催生并进而成型的。而“智能工具+国家治理”的结果就是形成智慧国家这一崭新的国家形态。

3.3 智慧国家是治理与智能化合后的国家质变

在国家治理领域，随着万联网、超级计算、大数据、深度学习算法、人脑芯片等智能工具广泛应用并深度介入，国家治理主体因智能工具的内嵌而把人的优势与智能工具的优势结合起来，以高于人类的工作能力、优于人类的工作精度、胜于人类的工作态度，解决一些过去想解决但解决不了的问题，完成一些过去想完成但完成不了的任务。

作为治理与智能化合后的国家质变，智慧国家对传统国家形态的全面超越，体现在以下几个方面。

① 吴汉东.人工智能时代的制度安排与法律规制［J].法律科学，2017（5）.

3.3.1 由自动化或半自动化的国家治理取代或者强化手动化的国家治理

自动化是“采用能自动启闭、调节、检查、加工和控制的机器、设备进行各种作业，以代替人工直接操作的措施”。“部分采用自动装置，部分由人工操作的”称为半自动化。[①]自动化的优越性在于实现主体解放、效率更高、质量更好、风险和成本更低。在国家治理领域，智能工具具有实时传感、数据共享、智能统计、建模分析、科学决策、自动执行等方面的独特功能，为治理者开展国家治理工作提供了新选择。一些治理工作可以完全自动化，一些治理工作由治理者和智能工具共同完成，还有一些治理工作由治理者来完成但由智能工具来加强。“以交通领域的应用为例，如果通过人力来预判交通流量，仅仅是一周的视频数据分析，都需要数万交警“三班倒”地去看，花费的时间可能是几天甚至更长时间。而城市大脑则可以在十分短暂的时间内分析完毕，并且能够精确到多少车辆往什么方向走，哪些车辆存在违章……这方面，机器比人更具优势。”“据了解，‘城市数据大脑’的目标是通过收集城市的各项数据，对整个城市进行全局实时分析，自动调配公共资源，优化城市管理，最终使城市运行更加高效。当一套完善的‘城市数据大脑’落地后，将是一套完整的信息收集、整理、反馈、计算、输出系统，而AI的应用使得城市大脑不仅在信息收集上更加高效、全面，

---

① 夏征农，陈至立.辞海［Z］.上海辞书出版社，2009：3061.

计算处理上也更加快速。”①

3.3.2 由体系化的国家治理取代碎片化的国家治理

国家治理是否成体系，是其是否现代化的基本标准。在传统条件下，国家治理碎片化的特征明显，试错成本很高。借助于智能工具，治理者能够打破数据樊篱，实现数据共享，把糊涂账变成明白账，孤岛治理变成关联治理；视野更广阔，站位更高，本位治理变成全局治理；经验治国变成数据模型，主观分析变成工作标准，软约束变成硬要求，随性治理变成规则治理。②

---

① 参见懂懂笔记.治理拥堵人工智能疗效如何［N］.科技日报，2017-08-17（6）.智能工具的应用，将改变国家治理工作的结构，很多治理者可以腾出四分之一的时间用来完成更富有创造性和附加值更高的工作。William D. Eggers，David Schatsky，Dr. Peter Viechnick三人撰写的报告《人工智能如何增强政府治理》，通过将工作分解为单个活动，并分析每个工作对自动化的依赖程度，测算出腾挪或者取消的劳动时间：“通过自动化计算机执行的常规任务，每年可以节省数万个工作时间（约43亿次）。在低端范围，我们估计，自动化可以每年节省9670万个小时，能节省33亿美元；在高端范围，每年可节省的时间增加到12亿小时，每年可能节省411亿美元。”资料来源：Deloitte University Press。

② 传统的国家治理，各治理主体之间的职能范围模糊，缺位、越位情况屡见不鲜。加之各治理主体所占据的信息互为“孤岛”，并根据这些不完整的信息各自为政、各行其是，彼此难免圆凿方枘。比如某公民不服政府作出的行政处罚，分别到党委、人大、上级政府、法院、检察院、信访部门进行信访申诉，不同部门如果作出不一致的处理意见，就会使问题趋向于复杂化。我国已经注意到了这个问题，有关部门正在试点，并将启动涉法涉诉信访信息综合平台建设，实现不同部门之间的互联互通和数据共享共用，打造“智慧信访”。此为以体系化治理取代碎片化治理之适例。对于国家治理而言，需要秉持系统思维，力避盲人摸象、以偏概全。唯有通过内部协调统一的体系化治理，实现整体考量、统筹协调和协同推进，才是现代化的国家治理体系。

3.3.3 由精细化的国家治理取代粗放型的国家治理

精细化的国家治理是以“数据量化”为基础的，这是粗放型国家治理所不具备的基础和条件。在智能工具条件下，信息快速传递，充分释放信息资源活力，治理效率得以大幅度提升。根据数据预判，提前发现和解决问题，实现实时主动监控，被动式管理转变为主动管理。任务、目标精准分解，责任要求明确到人，粗放式管理转变为精细化管理。通过大数据、云计算的辅助决策，极大地提升决策质量。总体而言，借助智能工具，治理者可以告别“差不多先生”的形象，实现精细化的国家治理。

3.3.4 由具象化的国家治理取代抽象化的国家治理

传统国家治理的治理者以抽象的人民群众作为服务对象，而非具象的公民个体。为人民服务的理念与满足公民个体需求之间存在一定差距。这种差距所揭示的实际上是传统国家治理受条件所限，无法针对个人构建相应的治理体系，从而提供个性化的公共服务。在智能工具条件下，国家可以为每一位公民根据其情况建立相应的数据库，并结合公共资源整体情况和有关规定为其提供周到的公共服务。于此条件下的治理者，既是为人民服务的，也是为你我服务的。

3.3.5 由可视化的国家治理取代神秘化的国家治理

如果说阳光是最好的防腐剂，那么“暗箱”就是腐败的沃土。传统国家治理不可避免地存在暗箱空间，也就不可避免地存在权力滥用。在智能工具条件下，可以通过国家治理全覆盖、全流程、全留痕、数字化、智能化实现可视化。所谓的可视化，“是指让管理者有效掌握组织信息，实现管理上的透明化与可视化，使组织流程更加直观、内部信息更加透明可视”。“真正的可视化管理，不是要束缚谁、管住谁，而是要把工作变成充满活力和创造力、持续改善、持续提升的过程，成为尊重人、激发人、塑造人、成就人的过程，推动形成充满活力、生机勃勃的团队。”[①]相对而言，可视化的优点在于把权力的设置和运行全部公开，使问题完全暴露于外，打破陈规陋习，提升工作绩效，建立长效机制。

3.4 智慧国家的衡量基准是国家治理商数

3.4.1 国家治理商数的概念及其计量模型

国家智商定律，即国家兴亡取决于国家治理商数的高低。国家治理商数，是在智能工具条件下，采用特定指标体系和计算法则，以商数的量化形式对智慧国家的发展程度作出全面、系统和

---

① 日本管理学家远藤功在其著作《可视力》一书中介绍了可视化管理的理论与实践。参见邹碧华.法院的可视化管理［M］.法律出版社，2017：1–13.

客观评定的现代治理手段。国家治理商数是从经验式、试验式国家治理向量化治理、循“数”治国转变的技术性支撑和基础性工程。

国家治理商数是国家治理体系和国家治理能力在加权之后与国家治理成本的比值，其计量模型可设计为：

$$y_t=\frac{\sum_{i=1}^{\mathrm{I}} a_i x_{it}}{z_t}\times 100$$

y_t表示t时刻的国家治理商数（National Governance Quotient, NGQ）；x_{it}表示评价要素，具体包括国家治理体系（National Governance System, NGSY）和国家治理能力（National Governance Capacity, NGCA）；a_i（i=1，2，……）代表各评价要素的权重系数；z_t表示国家治理成本（National Governance Costs, NGCO）。根据治商公式得出的国家治理商数数值越高，等级越高，表明国家治理情况越好。

3.4.2 治商公式的逻辑关系结构

对于治商公式的逻辑关系结构，可总括为：

第一，国家治理商数是国家治理体系和国家治理能力对国家治理成本的优势。国家治理体系和治理能力是一个国家的制度和制度执行能力的集中体现，两者相辅相成，单靠哪一个治理国家都不行，所以在正向指标的选择上将二者都予以考虑。而国家治理成本越高，国家治理水平就越低，所以把国家治理成本设定为逆向指标。由此，国家治理商数的实质就是国家治理体系和国家治理能力相较于国家治理成本的优势。

第二，国家治理体系与国家治理能力呈正相关。正相关意味着国家治理体系和治理能力之间存在一种变化方向一致的相关关系。一方面，国家治理体系和国家治理能力是两个相互独立的变量。综观当今世界，各国各有其治理体系，而各国治理能力则由于客观情况和主观努力的差异又有或大或小的差距，甚至同一个国家在同一种治理体系下不同历史时期的治理能力也有很大差距。这说明，国家治理体系和国家治理能力是完全可以分开描述和评价的。另一方面，两个变量之间的变化方向是一致的。好的国家治理体系是国家治理能力的基础，提高国家治理能力才能充分发挥国家治理体系的效能，此同向变化决定二者的正相关关系。

第三，国家治理商数与国家治理成本成反比。国家治理商数的计量模型隐含了一个非常重要的提示：国家治理现代化是在国家治理成本约束条件下的国家治理体系最优化和国家治理能力最大化，因此也就是在其他条件既定之下的国家治理成本最小化或国家治理体系最优化与国家治理能力最大化的求解。党的十八届三中全会提出的国家治理体系和国家治理能力这两个概念，固然是衡量国家治理水平高低的圭臬，但如果置国家治理成本于不顾，仅仅在国家治理体系和国家治理能力上用力，是不可能客观认识一国治理水平的真正面貌的。易言之，国家治理商数是一个因变量，其数值取决于国家治理体系、国家治理能力和国家治理成本三者的评价值，其高低取决于国家治理体系和国家治理能力相对于国家治理成本的优势。国家治理体系和国家治理能力的评价值越高，国家治理商数就越高；而国家治理成本越高，国家治理商数就越低。在有些治理模式下，对政绩关注得多，对成本关注得少，鼓励了大量的短期行为，纵容了“三高三低”的粗放型发展方式，透支了子孙后代赖以生存的资源环境。尽管这种模式非常容易打造所谓的“丰功伟绩”，但正如前文所指出的，国家治理水平的高度并不是由“最长的木板”而是由“最短的木板”所决定的。所以，衡量国家治理水平，不应当只把眼光放在国家治理体系和国家治理能力上，不应当只看到国家治理体系有多完善而忽略为了这份完善而消耗的资源，不应当只看到国家治理能力有多高超而不顾这种能力对国家长远和根本利益的损害。推进国家治理现代化，必须要有成本意识。

国家治理智能化程度，也就是智慧国家的衡量基准，通过国家治商能够得到有效呈现。[①]

3.5 智慧国家建设应被确立为国家治理现代化的核心战略

3.5.1 没有智能化就没有现代化

在当今时代，“没有信息化，就没有现代化”的理念已经深入人心。本书在这个理念的基础上提出，“没有智能化，就没有现代化”。从基本逻辑上看，信息化是对机械化的超越，而智能

① 关于国家治理商数，笔者在导师江必新教授的带领下共同撰写了《论国家治理商数》一文，发表在《中国社会科学》2015年第1期。本小节是对文中部分内容的摘录，特此说明。参见江必新，邵长茂.论国家治理商数［J］.中国社会科学，2015（1）.

化是对信息化的超越，从机械化、信息化到智能化是一个不断发展和进化的过程。

邓小平指出，大发展的机遇对我们中国来说并不多，一定要抓紧，要善于把握时机来解决我们的发展问题。智能科学技术是决定未来的战略性技术，关乎国家核心竞争力和国家核心安全。[①]智能时代是全人类的大发展机遇，同样也是中国百年来难得的战略性机遇。2016年，在人工智能诞生一甲子之际，美国政府发布了《美国国家人工智能研究与发展策略规划》《为人工智能的未来做好准备》《人工智能、自动化与经济》三部白皮书。而在此前后，中国政府陆续发布了《中国制造2025》《"互联网+"人工智能三年行动实施方案》《新一代人工智能发展规划》等战略规划。俄罗斯、欧盟、日本等围绕技术、人才、标准、规范等制定了人工智能的国家发展规划。世界主要国家已经形成你追我赶、抢占先机和主导权的局面，并进入全面发展智能科技的新阶段。

3.5.2 牢牢把握智能科技发展的重大历史机遇

智慧国家是面向智能工具时代的新型国家形态。在智能工具时代，国家治理现代化的核心是建设智慧国家。[②]数十年的积累让我国此时处于一个相对主动的态势，有构筑先发优势的条件和契机。

① 曹子洋.邓小平抓住机遇思想探析［J］.湘潮（下半月），2014（5）.

② 新加坡于20世纪80年代即施行"国家电脑化计划"，此后接续开展"国家咨询科技蓝图（建立贸易网、法律网和媒介网）""IT2000（新加坡一人一个网络）""咨询通信21蓝图""全联新加坡计划""智慧国2015计划"。新加坡的智慧国家建设，具有先发性。

中国目前是全世界网民最多的国家，拥有全世界最大的电子信息产品生产基地和全世界最具成长性的信息消费市场。中国在智能科技领域具有良好基础，语音和视觉识别技术优势明显，自适应自主学习、直觉感知、综合推理、混合智能和群体智能等初步具备跨越发展的能力，中文信息处理、智能监控、生物特征识别、工业机器人、服务机器人、无人驾驶逐步进入实际应用。国家高度重视发展智能科技，新技术不断被引用。我国正在深入推进国家治理体系与治理能力现代化，在这个过程中，要牢牢把握智能科技发展的重大历史机遇，把智慧国家建设确立为国家治理现代化的核心战略。建成了智慧国家，国家治理现代化的目标也就能基本实现。

3.5.3 智慧国家建设的纲领性议题

建设智慧国家，其纲领性议题包括以下几点。

第一，智慧国家建设的总体思路。深刻把握国家运行和治理规律，大力发展关键、源头、核心智能科技，推动以国家治理体系与治理能力现代化为中心的智能化，实现智能工具与国家治理的深度融合，统筹推进智慧立法、智慧行政、智慧司法，加快建设智能经济、智能政治、智能社会、智能国防，前瞻应对风险挑战，实现国家治理体系、治理能力和治理过程的全面智能化，带动国家竞争力整体跃升和跨越式发展。

第二，智慧国家建设的基本目标。以智能工具内嵌实现国家治理体系革新，推进民主的实质化、高级化进程；以智能工具的独特优势实现治理能力提升，推进回应型治理、服务型治理落地；以智能工具的全面运用实现治理过程再造，实现治理的高效、便捷。

第三，智慧国家建设的基本原则。（1）领先原则。面对日新月异的智能科技革命，不超前就落后、不领先就会重复建设往往是一种常态，而没有源头技术创新就没有全球话语权。为此，在智慧国家建设过程中，要实施最先进的标准，避免起点落后、步步落后。要抢占智能工具发展前沿，在研发和部署方面保持前瞻性，在重点前沿领域及时布局、长期支持，争取在理论、方法、工具、系统等各个方面实现变革性、颠覆性突破，全面增强智能工具原始创新能力，加速构筑先发优势，实现高端引领发展。（2）结网原则。在智能工具条件下，世界正从“分层”转向“结网”。每个个体的存在，只有在融入系统、互联互通的情况下才能实现。为此，在建设智慧国家过程中，要明确各类基础技术规范标准，确保设备接口、编码标准衔接兼容，为每个个体在每个时间“结网”提供条件。（3）实用原则。智慧国家建设要始终树立需求导向，坚持一切为了需求，一切服务需求，避免本末倒置。要以技术突破带动国家核心竞争力全面提升，引领建设世界科技强国进程；通过壮大智能产业、培育智能经济，为我国未来十几年乃至几十年经济繁荣创造一个新的增长周期；以建设智能社会促进民生福祉改善，落实以人民为中心的发展思想；以人工智能提升国防实力，保障和维护国家安全。（4）可控原则。美国、俄罗斯等科技强国已经遭受过大型网络攻击，形成重大国家安全事件。智能工具的安全性本身又备受争议。为此，在建设智慧国家过程中，要坚持总体国家安全观，推进国产自主可控计划，建立信息化建设项目安全管理机制，构建智能安全综合防御体系，对3D打印、无人机等新技术带来的安全风险，要从技术、法律等方面有针对性地采取防范措施。禁止使用不符合法律法规的人工智能技术和产品，不得损害国家安全，不得侵犯合法权益，确保国家秘密、网络安全、数据安全和个人信息不受侵害，保护个人隐私，促进人机和谐友好。（5）透明可信原则。坚持技术研发、产品应用、服务运营的透明性，保障数据采集过程、设计过程、管理过程、应用过程等能够以可解释、可测试、可验证的方式接受审查、评估和备案。智能产品和服务投入应用时，应当以便于理解的方式说明和标识相应的功能、性能与局限，确保应用过程和结果可预期、可追溯、可信赖。（6）合伦理性原则。坚持将社会主义核心价值观融入技术研发、产品应用和服务运行全过程，确保不违背公序良俗，不损害社会公共利益和秩序，不违背社会公共道德和伦理。健全风险管控、应急处置和责任查究机制，防范化解智能工具应用中可能产生的伦理道德风险。

第四，智慧国家建设的重点任务。（1）形成稳定的数据结构。智慧国家要想产生智慧，离不开大数据，而大数据的存在是建立在稳定的数据结构基础之上的。为此要充分运用信息工程方法论（IEM），建立数据管理标准和体系，实施信息资源规划，重建与提升数据环境[①]，从而形成稳定的数据结构。（2）加快培育

① 詹姆斯·马丁在《信息工程》和《总体数据规划方法论》中提出数据环境概念，并将其分为数据文件、应用库数据、主题数据库、信息检索系统四类。在数据环境的建设过程中，主题数据库是最为关键的核心内容。参见王克照.智慧政府之路：大数据、云计算、物联网架构应用［M］.北京：清华大学出版社，2014：15–16.

发展数据要素市场。建立数据资源清单管理机制，完善数据权属界定、开放共享、交易流通等标准和措施，发挥社会数据资源价值。（3）优化层级治理。上级部门要充分发挥资源集中优势，强化形势研判、情报预警、科学决策、协同执行、应急指挥智能，实现治理资源从以由下往上汇集为主向以由上往下推送服务为主转变。（4）整合横向资源。通过运用智能科技手段，建立跨部门、跨区域联动平台，实现协同治理。政府是有效数据的最大数据库，政府部门之间实现数据共享，能把公共数据整合在一起，发挥更大作用。为此，需要加大政务数据的共享和开放力度，把数据由“仓库”做成数据流转的“高速公路”。（5）建立共治机制。通过“智能+”手段，创新社会组织动员形式，调动各方面力量参与国家治理，形成政府和社会各归其位、各担其责的共治局面。（6）创新服务方式。公共部门要运用智能技术，将线下服务拓展到线上提供，将跨地域服务扩展到当地服务，让人们足不出户办成事，享受到公共服务。（7）优化职权配置。运用大数据、信息化具有可视化、全留痕等方面的优势，对权力运行过程进行科学再造，健全决策权、执行权、监督权相互配合、相互制约的体制机制，在国家机关之间形成配合紧密、制约有效的新型关系。

第五，智慧国家建设的基本保障。智能科技为强技术领域，只有拥有核心、源头、关键性技术和“一键开关”的能力，才有领先优势。我们知道，人类社会的代际更替，是建立在基础科学发生质变的基础上的。智慧国家的建立，关键要看基础科学向前推进的速度和程度。当前，基础科学所打造的“箱体”已经接近天花板。在2016年召开的全国科技创新大会上，华为公司提出："华为现在的水平尚停留在工程数学、物理算法等工程科学的创新层面，尚未真正进入基础理论研究。随着逐步逼近香农定理、摩尔定律的极限，而对大流量、低时延的理论还未创造出来，华为已感到前途茫茫，找不到方向。华为已前进在迷航中。"①它所焦虑的正是技术应用层面的进展已经接近天花板，如果基础科学不上升一个"箱体"，技术应用将出现严重的停滞。为此，需要紧紧抓住大数据智能理论、跨媒体感知计算理论、混合增强智能理论、群体智能理论、自主协同控制与优化决策理论、高级机器学习理论、类脑智能计算理论、量子智能计算理论等基础性理论，加快发展知识计算引擎与知识服务技术、跨媒体分析推理技术、群体智能关键技术、混合增强智能新架构和新技术、自主无人系统的智能技术、虚拟现实智能建模技术、智能计算芯片与系统、自然语言处理技术等关键性技术，为智慧国家建设提供基础性保障。国家层面应当通过重点工程、科研项目和科创平台，组织产学研优势力量，进行专项攻关。

---

① 金之钧，王晓峰.华为靠什么实现世界领先［J］.中国石化，2020（7）.

IV

4　由法治国

由法治国，是法治的本原形态（理想形态、最终形态），在法治形态上是以法治国、据法治国的升级版，在法治演化上是智能工具对法治既定结构形态的重塑，在法治理论上是法理学理论基础之因应变革。

萧伯纳曾言，自我控制是最强者的本能。人类社会发展出来的一切治理，无一例外地指向控制与自我控制。对被治理者的控制让统治成为可能，治理者的自我控制让统治变得良善和持久。治理者在其中洞察到了控制的曲径通幽，而被治理者则期待借此把权力关进笼子里，使其变得温驯。这是法治为什么能够成为治理者和被治理者都能接受的方案的奥妙所在。但这种交织了控制与自我控制两方面动因、要素的治理方式，并不像我们一厢情愿认为的那样总是好的。它一定是有不同成色的——有的法治形态欺世盗名，有的法治形态缺斤短两。作为上层建筑，法治的形态和成色取决于工具形态以及基于工具形态所造就的社会、人类、政体形态。

在前章表3–1的基础上增加治理性要素，可以生成法治形态与工具形态的对应表，如表4–1所示。

表4-1 法治的三种形态及其与工具形态的对应关系

工具形态	社会形态	人类形态	政体形态	法治形态	法治成色
手工工具	人的依赖性	人类的时代	君主政体	以法治国	非法治
机器工具	人的独立性	人民的时代	民主政体	据法治国	准法治
智能工具	人的全面自由的发展性	人的时代	自主政体	由法治国	真法治

由法治国，是相对于以法治国和据法治国而言的。如果说，以法治国指的是君主以其制定出来的法律控制臣民、治理国家，据法治国指的是执掌治权者依据民意机关制定的法律服务人民、治理国家的话，那么，由法治国则指的是，在未来①，借助智能工具以智能形成、自动运行的法律治理国家，其内核是政权与治权均归属人民。

由法治国是新治理、新法治、新法学。作为新治理，由法治国乃智能工具时代之上层映照；作为新法治，由法治国乃以法治国、据法治国之形态进阶；作为新法学，由法治国乃人法合一基础上之法学新纪元。这里强调的三个“新”，是对“徒法不足以自行”这个法治公理的更新，是对人法关系这个本源性问题给出的新回答。

① 本章所属内容并非针对现状，而是探讨在久远的未来，智能高度发达、社会高度自治，法律该如何运行。因此不涉及对现状的批判（因此更不包含批评）。

4.1 以法治国是非法治

4.1.1 以法治国的概念

以法治国指的是君主以其制定出来的法律控制臣民、治理国家，它是人类与法律关系的初级形态。

在手工工具时代，借助工具的力量和团队协作，人类成为这个星球上的霸主，人类的时代由此开启。然而，这一阶段的工具还很简陋，其所内含的力量不足以弥补单个个体的柔弱，也就支撑不起个体的独立人格。在这种条件下所形成的是与人的相互依赖性相适应的社会结构，以及实质上与形式上均不平等的政治形态，也就是君主政体。从手工工具，到人的依赖性，到君主政体，既是一脉相承的，也是前后锁定的。同样，手工工具、人的依赖性、君主政体所造就的也只能是非法治的以法治国。

4.1.2 作出以法治国是非法治论断的根据

非法治，意味着以法治国有法治之名而无法治之实。作出以法治国是非法治的论断，主要论据在于：

第一，以法治国模式中的法律附属于君权。“夫生法者，君也；守法者，臣也；法于法者，民也。”春秋名相管仲于2600多年前的寥寥数笔，精准而深刻地勾画出法律在其后几千年君主政体中的脉络，至今思之仍不免惊心动魄。在金字塔式的权力构架中，处于顶端的君主具有至高无上的绝对权威，手执最高权柄，

“口含天宪”、“言出法随”[①]；是最高的立法者，可以任意制定、修改、废止法律；是最高的执法者、司法者，可以凭个人的喜怒好恶执行法律，“喜则滥赏无功，怒则滥杀无罪”[②]；是法律的受益者，所有的法律都是以君主的意志和利益为中心的。

第二，以法治国模式中的法律以直接控制民众或者通过直接控制官吏而间接控制民众为基本内容。“法之立，在御民，民治而国安。”“夫法者，此上之所以一民使下也。”管仲的思想，揭示了法律在以法治国模式下的角色定位。缕析中外古代汗牛充栋的律法典籍，用来规范和制约君主的具体条文遍寻难觅，即便当历史的滚滚车轮转动到晚清变法立宪，《钦定宪法大纲》中依然昭示“君上神圣尊严不可侵犯”。当然，其中确实有不少吏治的内容，比如铨选、科试、考绩、监察、奖惩等；有的君主甚至不惜以严刑峻法整肃官吏，比如明朝皇帝朱元璋等。但其管理、约束官吏的目的是控制民众。对此，韩非子直称：“故吏者，民之本，纲者也，故圣人治吏不治民。”[③]

第三，以法治国模式中的法律是实现威权统治的工具。“皇帝的威严光荣不仅靠兵器，而且须用法律来巩固，这样，无论在战时或平时，总是可以将国家治理得很好；皇帝不但能在战场上

① 这种状态存在的历史比我们想象的恐怕要长，即便在当代仍可以在一些国家找到踪迹。就在几十年前，阿道夫·希特勒通过修改魏玛宪法把立法权和行政权合体，把总统与总理权力合一，最终的结果是“希特勒的话就是法律”。

② 这是李世民于贞观五年对房玄龄等说的话，具体内容参见《贞观政要》的《求谏》篇。

③ 载于《韩非子·外储说右下》。

取得胜利，而且能采取法律手段排除违法分子的非法行径，皇帝既是虔诚的法纪伸张者，又是征服敌人的胜利者。”[①]东罗马皇帝查士丁尼的这个论述表明，法律的角色与兵器一样，都只是用来捍卫统治的工具。法律的工具性价值体现在：它将君主神化，向天下昭示君主至高无上的权威；它通过各种方式确保国家权力最终集中于君主，即所谓“天下之事无小大，皆决于上”[②]；它倾力打造维护集权统治的政治、经济、社会、文化、宗教的制度体系，自上而下的监督体系，以及具有内嵌组织、隔离减震的金字塔式官僚体系；它具有明显的偏私性，以国家强制力确保君主利益不受侵犯、权威不受减损、秩序不受破坏、统治不受影响。

第四，以法治国模式中的法律具有明显的专横性和恣意性。它毫不遮掩地宣扬和维护社会的不平等性。这种不平等性，在古代欧洲主要体现在种族之间以及领主与附庸之间，在古代中国主要体现在建立在纲常伦理基础上的君臣、父子、夫妇之间，在古代印度主要体现在种姓之间[③]。它专横地剥夺、限制民众的自由。比如《赫梯法典》第175条规定，假如牧人或阿格利格娶自由的女人为妻，则两年或四年内她将是奴隶；同时他的儿子们应系上

① 江必新.行政法制的基本类型［M］.北京：北京大学出版社，2005：53.

② 载于《史记·秦始皇本纪》。

③ 古代印度法律把人分为婆罗门、刹帝利、吠舍、首陀罗四个种姓，法律地位不同，所配置的资源不同，法律保护程度不同，同样行为的法律后果不同。这种等级森严的不平等制度至今影响着印度的社会结构。有的人现在去印度还是感觉到，在印度穷人的孩子永远是穷人，哪怕他再努力，也不可能成为上等阶级。

腰带，而谁也不应取下他们的腰带。①这是在私人生活方面的横加干涉。此外，在经济生活、精神生活等方面，为了维护统治以及确保利益，也处处有国家干预的烙印。而君主对法律的执行，充满了任性和恣意，于法外生杀予夺，视法定程序为无物，其专横种种不一而足。

综上可见，以法治国之下的法律，是君主实现统治目的的工具，不讲公平正义，不顾程序价值，对君主不具有实质约束力，对民众强加义务和责任，是彻头彻尾的人治。当然，作为人类与法律关系的初始形态，历史地看，它的进步意义也不可抹杀。从国家治理方面来说，运用法律规范治理国家，相对于毫无准据的经验治国、直觉治国、擅断治国等方式更有效能、更具有客观性和可预期性。我们也不应以其固有局限性而否定其历史进步性。

4.2 据法治国是准法治

4.2.1 据法治国的概念

据法治国指的是执掌治权者依据民意机关制定的法律服务人民、治理国家，它是人类与法律关系的成熟形态。

余秋雨先生说，中世纪，一句“我是谁”，自此红霞满天。文艺复兴和启蒙运动以理性之光把昏睡在黑暗的丛林时代的人类唤醒，人类社会的主要矛盾自此从人与自然的矛盾转变到人与人

① 江必新.行政法制的基本类型［M］.北京：北京大学出版社，2005：63.

的矛盾，人民不再以其为自然的主人而沾沾自喜，反而对在社会中的位置和自身的独立价值倍感在意。人权、自由、平等、尊严这类彰显人独立性的价值成为按捺不住的渴求，君主在人类社会历经“祛魅”洗礼之后走下神坛，不再是至高无上的存在，也不再是人民毋庸置疑的主宰。随着机器工具时代的到来，人类的生产力极大提升，物质的丰富程度为人追求独立性提供了基础和条件，为人民时代的到来搭建了天梯。整体来看，机器工具取代了手工工具，人民的时代取代了人类的时代，民主政体取代了君主政体，相应地，据法治国取代了以法治国。机器工具、人民的时代、民主政体、据法治国也是一脉相承、前后锁定的。

据法治国的本质特征是体现和实现民意，奉行法律至上，要求权力制约，强调政府的义务和责任。正如前述，以法治国尽管具备法律的要素，但它的本质属性是人治，所以将其定性为假法治或者非法治。与此不同，据法治国的本质属性则是法治，只不过它还没有完全达到法治所要求的质的规定性，可以界定为“准法治”。

4.2.2 据法治国的本质属性是法治

之所以说据法治国的本质属性是法治，是基于据法治国具有如下内核。

第一，人民主权。人民主权是相对于王权和教权而言的。社会契约论是对人民主权原则具有支撑性作用的理论根基。法国《人权宣言》、德国《魏玛宪法》、美国《独立宣言》莫不确立了国权和主权出自人民、属于人民、服务于人民的基本原则，并在此基石上立国。

第二，法律至上。法律至上由法律优先原则和法律保留原则所保障。法律优先是相对于权力的优先，强调法律具有普遍的、没有例外的约束力，权力的行使必须严格遵守法律，受法律的拘束，符合法定目的、条件和程序，不得违反、取代、变通法律，凡是违反法律的权力行使行为原则上无效或者可以被撤销。法律保留是保留于国家权力机关，即重要国事特别是对民众权利义务造成重大影响的赏罚予夺必须经过人民授权、人民同意或者人民认可。法无授权不可为，法定授权必须为。越权无效，失职追责。

第三，权利本位。权利本位是相对于权力本位、公民义务本位、社会本位而言的，强调人的权利和自由是自然的、天赋的、平等的并且不可剥夺的，国家以确认、保障人民权利不受侵犯和实现人民福祉为基本职责，权利具有限制国家权力的功能，人民有反抗暴政、不服从的权利，凡是侵犯权利的都要给予救济。

第四，权力制衡。权力制衡系吸取集权教训后所确立的原则，强调立法权、行政权、司法权以及其他国家权力由不同的国家部门负责，并相互制约，以避免权柄过分集中，对民权造成伤害。同时要进行从权源到权流全方位的控制，以确保权力不会被滥用。

第五，权义一致与权责对应。对公民而言，权利义务相一致，不存在只有权利没有义务或者只有义务没有权利的情形。对国家机关而言，职权法定，权责对应，有权必有责，消极行使权力、选择性行使权力、滥用权力都要被追究责任。

第六，公平正义。当今文明国家，莫不遵循“法律面前人人平等”之公理。它们在宪法中明示“平等权”并不断扩大其适用范围，对困难人群高度关注并给予各方面的特殊关照，通过税收调节和社会保障等方式缩小贫富差距，发展公共事业以维护共同体长期利益和整体利益。

以上六端，并非法律要素量上的简单增加，而是法律本质的彻底改变，所以，据法治国本质上属于法治。

4.2.3 据法治国是力不从心和含量不足的法治

之所以说据法治国是准法治，还没有完全达到法治所要求的质的规定性，是基于以下几点理由。

第一，据法治国形态试图体现人民的意志，但事实上并没有真正体现人民的意志。在西方民主法治国家，人们相信法律是人民意志自由而庄严的呈现，但这恐怕只是一个假象。诺贝尔经济学奖获得者肯尼斯·约瑟夫·阿罗提出的“阿罗不可能定理”①，其内容为：当排除人际效用的可比性，且于一个相当大的范围内对每一个人的偏好排序都能定义，则把个体偏好加总为整体偏好的方法，或者是强加的，或者是专制的。那种使个体偏好通过多数票规则成为整体偏好的选择机制，是根本不存在的。“阿罗不

① “阿罗不可能定理”由美国经济学家肯尼斯·约瑟夫·阿罗提出，其基本内涵为：如果众多的社会成员具有不同的偏好，而社会又有多种备选方案，则在民主制度下不可能得到令所有人都满意的结果。参见陈向新，王则柯.阿罗不可能定理溯源［J］.自然杂志，1993（Z1）.

可能定理”对于认清“民意”的本质，是颇有说服力的。如果说，以法治国在根本上是虚幻的神权的统治，那么，西方的据法治国则往往是虚假的民意的统治。西方普遍存在民意机关被权力和利益集团所绑架从而作出完全有悖于民意之行为的情况，所以，很多时候，其民意机关所制定出来的法律并没有体现民意。西方所谓的人民主权，只是一个细思极恐的“障眼法”，唯一的作用可能在于为统治者披上一件合法的外衣，为相信并且捍卫人民主权的人们提供一份掩耳盗铃式的心理慰藉。实际上，在政治领域，西方社会自以为是的进步，其实并没有教科书中写的那么大。

第二，据法治国形态试图控制权力，但从实际效果看并不能真正控制住权力。孟子说，徒法不足以自行。法律必须由具体的人来制定和执行，最终的权柄还是在具体的个人手中。同时，成文的法律根本做不到事无巨细、清清楚楚、严丝合缝，必定存在幅度、漏洞、空白和矛盾，这些幅度、漏洞、空白和矛盾有赖于执法者的裁量。而“裁量所在之处，即为权力专横之所。不论在民主制还是共和制国家，治理者一方的自由裁量权必然意味着被治理者的自由失去屏障”[①]。事实也证明，以法律控制权力，非不为也，实不能也。

第三，据法治国形态试图实现公平正义，但并不能真正实现公平正义。公平正义的实现取决于治理者。在据法治国形态之下，

① 刘永谋.技术治理、反治理与再治理：以智能治理为例［J］.云南社会科学，2019（2）.

治理者与被治理者二分，治理者也是鲜活而具体的个体，而个体之本性兼具公心与私心。要求人先公后私乃至大公无私，个别上或可实现，但在整体和制度层面则并不现实。蒲松龄在《聊斋志异》中记载了这样一则故事：清朝闵玉苍白日在刑部任郎中，因颇为公道被选为于夜间在阴司第五殿任阎罗。但即便其为官正直，在司阎罗之职前，还是被要求吃下一颗铁丸。“此上帝所铸，虑阎罗王阳官署事有所瞻徇，故命吞铁丸以镇其心，此数千年老例也。先生照例吞丸。审案毕，便吐出之。”恰巧遇上其表弟在阴间过堂，卷宗记载了其在阳间为官时之种种贪腐劣迹。闵玉苍动了私心，暗示其为自己辩护，并提示其念大悲咒以有理由轻其刑。于此之时，镇心铁丸发挥了作用：“涌起于胸中，左冲右撞，肠痛欲裂矣。余不得已急取狱牌加朱，放李狱中，肠内铁丸始定，方理别案而归。”[①]蒲松龄对此叹曰：“阴司之刑惨于阳世，责亦苛于阳世。然关说不行，则受残酷者不怨也。谁谓夜台无天日哉？第恨无火烧临民之堂廨耳！”[②]在公平正义的要求面前，人性还是靠不住的，以不可靠的人性来实现公平正义，着实是痴心妄想。

从以上三个方面的论述来看，在据法治国形态之下，设想中的民主、自由、福祉、公平、正义并没有成为现实，所以它虽然与以法治国这个人治模式相比发生了质的变化，但还没能完全成为真正的、理想中的法治形态，属于缺斤短两的法治。

① 载于《子不语》卷十六“阎王升殿先吞铁丸”一节。
② 《聊斋志异》卷三《李伯言》。

4.3 由法治国是真法治

4.3.1 由法治国的概念

由法治国指的是在人机共生条件下，全体国民借助智能工具以智能形成自动运行的法律治理国家，它是人类与法律关系的高级形态。

正如第一章所揭示的，智能工具时代是人的全面而自由的发展阶段。于此一时，工具作为人的“外体”高度发达，人从人本身进化为“人机合体”，社会从人类的时代、人民的时代步入人的时代，政治从君主形态、民主形态递升成为自主形态，相应地，法治从以法治国模式、据法治国模式升级为由法治国模式。从人的全面而自由的发展、人的时代、自主政体到由法治国，也是一脉相承和前后锁定的。

关于由法治国是真法治这个论断，是相对于以法治国和据法治国而言的。正如前述，以法治国是虚假的法治，据法治国是含量不足的法治，相对来说，由法治国是完全的、彻底的法治。

4.3.2 作出由法治国是真法治这一论断的根据

之所以说由法治国是真法治，是基于以下几个理由。

第一，在由法治国模式下，法律在相当程度上得以自运行，人民的意志实质性地取代行使权力的人的个人因素成为左右法律的决定性力量。人治与法治的根本区别究竟在哪里？邓小平同志那句广为人知的名言是具有启发性的，他在1978年中央工作会议闭幕会上说："为了保障人民民主，必须加强法制。必须使民主制度化、法律化，使这种制度和法律不因领导人的改变而改变，不因领导人的看法和注意力的改变而改变。"[①]可见，真正的法治是要尽可能摆脱个人的影响的。在传统条件下，"徒法不足以自行"，法律必须仰仗人的操控而运行，导致的结果就是本来要规范人们活动的法律反过来被行使权力的人所左右。法学家贝卡利亚甚至说："法官的一顿早餐将影响到他对案件的判决。"[②]这是法治理念在人类社会确立后，法治实践在世界各国总体上没有实质性突破的根源所在。实际上，法律所要求的严谨性、程序性、闭合性，使其存在摆脱人的左右而自我运行的倾向与可能。凯文·凯利指出："法律下的科技让人变得更好了。法律系统让男男女女都要负责，促使他们走向平等，遏制令人不快的冲动并且培养信任。西方社会以详尽的法律系统为基础，和软件没什么两样。这个系统是一组复杂的代码，不在计算机上运作，而是运行在纸上，慢慢计算出公平度和制度（在理想的情况下）。这就是一项让人类变得更好的科技。"[③]Buchanan的研究成果《关于人工智能与法律推理若干问题的研究》[④]在1970年问世，这篇文章

① 邓小平文选：第2卷［M］.北京：人民出版社，1994：146.

② 顾培东.社会冲突与诉讼机制［M］.北京：法律出版社，2004：135.

③ 凯利.科技想要什么［M］.严丽娟，译.北京：电子工业出版社，2016：380.

④ See Buchanan，Headrick. Some Speculation About Artificial Intelligence and Legal Reasoning［J］. Stanford Law Review，1970：40–62.

可以被视为法学领域研究智能工具与法律融合的开山之作。此前，尽管也有人关注这个领域的问题[①]，但颇为零散和初始。1987年国际人工智能与法律协会成立，并逐步确立了核心的研究议题，包括：形式法律推理的模型、论证和决策的计算模式、运用证据推理的计算模式、多重角色参与的法律推理系统、可执行的立法程序模式、自动化的法律文献分类和总结、机器学习和电子发现的数据运用以及其他相关领域。借助智能工具，传统立法、执法、司法转型为智能立法、执法、司法。英国上诉法院大法官布里格斯勋爵(Lord Justice Briggs)倡导设立的在线法院，就是智慧法院的一个雏形，“HMCTS（英国司法部下属的英国法院和法庭服务）应建立一个新的、基于互联网的法院服务中心。比如HMOC（在线法院）。在关于ODR（在线纠纷解决机制咨询小组）案例研究基础上，结合关于接近正义的延伸理念，我们建议HMOC应是一个综合性、三位一体的服务中心”[②]。在中国，智慧法院建设进展迅速。生效法律文书的执行，也从信息化开始迈入智能化。据悉，在执行环节，对于被执行人财产的查控，在技术上已经可以实现自动查询和控制财产，那么生效法律文书在一定程度上也能够实现自动强制执行。计算法律、算法裁判将使法律

---

① 比如在1958年Lucien提出了法律科学的信息化处理，即建立法律文献或案例自动检索模型和法官裁量模型，但该观点最初并不被大多数的学者所认可。参见张妮，杨遂全，蒲亦非.国外人工智能与法律研究进展述评［J］.法律方法，2014（2）：459.

② 英国在线法院发展报告（节选）［R］.江和平，译.人民法院报，2017-05-05.

的自动化运行成为现实。法律本就是“活的”规则，以往不过是因为条件所限而“不足以自行”，智能工具的运用使法律恢复了本来面目。

第二，在由法治国模式之下，政治产权[1]中的控制权还给个人，人人亲自治理而非由代理人或代表人治国，从而彻底解决了民意失真难题。在现代国家，公民一般被认为是国家的主人，但在绝大多数地方，被定位为主人的公民由于缺少参与资格和议价资本，在政治生活中参与程度不高，缺少存在感，其意志无法投射于现实当中。这个问题涉及政治产权问题。如果说经济产权是否清晰，是判断一个国家是否为市场经济的基本标准，那么，政治产权是否清晰，则是判断一个国家是否为现代国家的基本标尺。这是因为，产权的清晰意味着，不仅名义上有所有权，而且事实上有控制权。控制权缺位的产权，是虚假的，或者骗人的。一切需要考验人性的制度设计都被历史实践一一证明是愚蠢的，共同所有往往会在事实上成为少数人私有，这个公地悲剧的道理早在《诗经》[2]中昭然若揭。在当下中国，为了落实人民当家作主，我们实行的是在执政党领导下的公民有序政治参与，是全过程人民民主。在这种模式下，每一个公民也是治理主体。所以，人人亲自治理，在理论上、制度上和现实中并不存在障碍。而正如前述，基于“阿罗不可能定理”，民意失真是不可避免的，代

① 如何理解政治产权这一概念，请参见本书“自主政制”部分。

② 《诗经·齐风·甫田》记载：“无田甫田，维莠骄骄。无思远人，劳心忉忉。无田甫田，维莠桀桀。无思远人，劳心怛怛。”《春秋公羊传》何休注：“民不肯尽力于公田。”

理人或代表人治国模式在理论上并没有存在的正当性，从趋势上最终也将式微。可以肯定地说，以西方民主制为代表的代理人或代表人治国模式，绝不会是历史的终结。在人人亲自治理能够成为现实的情况下，人类社会最终将摒弃代理人或代表人治国模式，把从每一个人手中拿走的“控制权”还回去。

第三，在由法治国模式之下，人的自由裁量空间从普遍变成个别，权力从经验中的“必要之恶”变成理想中的“可能之善”，权力的“必要之恶”困境得以消解。众所周知，“总统是靠不住的”①，在自诩为民主政治典范的美国也是一样。近现代公法理论往往认为权力具有恶性，但又弃之不得，这种困境被称为权力的“必要之恶”困境。这是两害相权取其轻之后的无奈选择。权力之所以有恶性，在于权力的行使过程不可避免地有“暗箱”和“裁量”的空间。于此空间，权力能否正当行使，端赖执掌权柄者个人的修养和自律程度。这里的“不可避免”是针对过去而言的。智能工具的一个特质就是颠覆性，将不可能变成可能。翻看人类过往的历程，会发现这样一个有趣的普遍现象（当然这里并非要宣扬有神论）：相信“举头三尺有神明”的人在很多时候更自律，相信生命会轮回的人大多更积善，相信有个所谓的“上帝”秋后拉清单算总账的人比不相信的人距离恶行更远。从唯心主义到唯物主义固然是历史的进步，但人类还没有真正和完全解决唯物主义世界观之下人性之光如何点亮的问题。既然人性是禁

① 林达.总统是靠不住的［M］.北京：生活·读书·新知三联书店，2013：1-5.

不住考验的，那么在制度的设计上就不应当去考验；既然阳光是权力最好的防腐剂，就需要将权力行使的“暗箱”尽可能全部清除。科幻作家刘慈欣在《三体》中描述的三体人，相互之间直接用脑电波交流，彼此“思维透明”。[①]“思维透明”对于群体提升效率和形成合作来说是非常有益的。[②]按照目前科技发展的程度和趋势，尽管人类实现“思维透明”还远不可能，但由于人的全面数据化，通过全方位、全过程的数据记录，辅之以相应的读取技术和读取权限，做到“历史透明”“过程透明”是非常容易的。既然这样，我们通过全覆盖的摄像头和传感器，全方位的数据记录与读取，让权力的运行过程全公开、全留痕，让人在行使权力时成为“透明人”，保持“思无邪”。权力的“必要之恶”困境将因为智能工具的发展与应用而得以消解。2018年以来，我国在行政执法领域大力推行“三项制度”，尤其是其中的行政执法公示制度、执法全过程记录制度，目的也是让行政权力的行使有记录、全公开、可回溯、可追责。

4.4 国家治理现代化的核心是从准法治走向真法治

4.4.1 国家治理现代化要求法治本身的现代化

递次分析，人类的大觉醒，从历史上看可以概括为三次：一

① 刘慈欣.三体［M］.重庆：重庆出版社，2008：150.

② 但对于一个物种的整体发展来说，究竟是好是坏，实在难以预测。

是人类对自然的觉醒；二是人类对社会的觉醒；三是人类对自身的觉醒。如果说第一次大觉醒让人类成为自然的主人，第二次大觉醒让人类成为国家的主人，那么第三次大觉醒则让人成为自己的主人，做得了自己的主。智能工具时代所开启的就是人类社会的第三次大觉醒，这是人类政治文明的结构性突破，它所锻造的结网治理、自动治理、平台化治理，它所形成的崭新人法关系和人际关系，是现代化国家治理的基本要素。

法治作为当今世界众多国家治国理政的基本方式，“与国家治理体系和治理能力有着内在的联系和外在的契合”[①]，是“国家治理现代化的核心内容”[②]。一般认为，人治、法治作为两种泾渭分明的治国理政模式，分别代表了传统的和现代的国家治理模式，国家治理现代化的核心内容应当是从人治转型升级为法治。当前，不少国家都在致力于实现现代化，中国更是把全面深化改革的总目标锁定在“完善和发展中国特色社会主义制度，推进国家治理体系和治理能力现代化”上，那么，是不是说施行了法治就实现了国家治理现代化呢？显然不是。

正如前述，不同类型的法治存在优劣高下之分，法治本身也有一个现代化的问题。“据法治国”固然已经属于法治，但只是力不从心的法治。它所试图实现的价值目标是好的，但事实上很难做到。所以如果将国家治理现代化的目标定位在“据法治国”，

---

① 张文显.法治与国家治理现代化［J］.中国法学，2014（4）.

② 江必新.法治现代化是国家治理现代化的核心内容［J］.行政管理改革，2014（9）.

则其实现的仅仅是含量不足的法治，即准法治。国家治理现代化的实质与重心，是在治理体系和治理能力两个向度充分体现良法善治的要求，它要求我们所实现的法治必须是真法治、现代化的法治。所以，国家治理现代化的核心应当是从准法治走向真法治，也就是从据法治国走向由法治国。

4.4.2 三种类型法治的根本区别

由法治国作为一种治理方式，与传统治理相比，根本区别在于，传统治理的内核是如何管住、如何管好，而由法治国的核心在于如何不管。如图4–1所示。

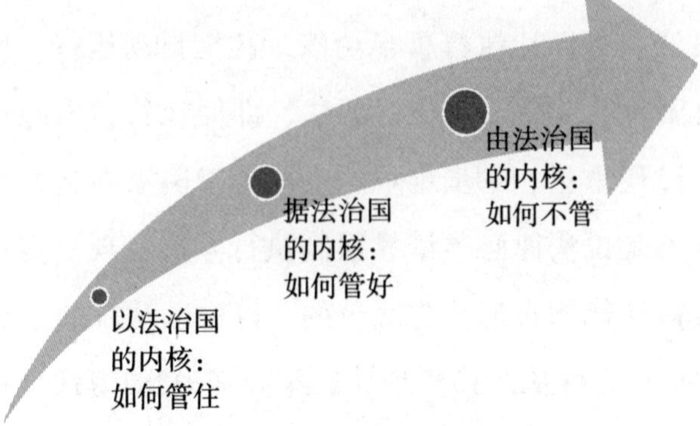

图4-1 不同法治形态的内核

法律是活的，所以它本身就有自动运行的机能。孟德斯鸠在《论法的精神》中提到过这样一个例子：在中国古代，抢劫又杀人的凌迟处死，其他抢劫者只是处徒刑，由于有了这个区别，所以抢劫者不常杀人；但是在沙皇俄国伊凡四世时代，抢劫和杀人的惩罚都是死刑，是以抢劫者经常会将被抢者杀害，因为只有死人才不会说话，不会指控一个人犯抢劫罪，这样抢劫者才有可能逃脱惩罚。法律实施的结果，反而导致大量的被抢劫者无辜送命。这就是法律自动运行的两种不同结果。我们时常能看到厚厚的法律典籍中总有不少规定被虚置架空，然后抱怨法律被束之高阁，其对策也往往是加大法律实施力度，力图捍卫法律尊严。但同时我们也不难发现，社会上一些“潜规则”“隐规则”“暗规则”，或者各种行业惯例、社会习俗，不待实施，不需要国家强制力作为保障，更不需要狠抓落实，却能大行其道。可见，法律是完全能够自动运行的，如果它不能自动运行，很可能是法律本身出了问题。

法治实践表明，经过科学设计、符合客观规律、顺应民心民意的良法，可以让执行事半功倍，甚至自动运行。反之，如果法律本身就为劣法、笨法、恶法，即便执行力再彪悍，施行起来也会障碍重重、举步维艰。法律是以国家强制力作为保障的，但并不是说法律必须依靠强制执行才能实现。实际上，整个社会是以法律的自运行为底色的。以中国法院的强制执行为例，全国执行案件从2013年到2021年分别为283万件、314万件、416万件、529万件、772万件、887万件、1041万件、1059万件、949万件，而同期全国法院新收案件数为1337万件、1438万件、1766万件、2305万件、2576万件、2803万件、3159万件、3083万件、3354万件，[①]也就是说大部分生效裁判都是自动履行而不

① 以上数据源自最高人民法院公报，网址：http://gongbao.court.gov.cn/。

是强制履行的，更不要说进入法院的纠纷与未进入的相比，仍然只是一小部分。这样看来，法律总体上是自运行的而不是强制执行的。①

由法治国的内核“如何不管”，实际上就是“道法自然”“无为而治”，实现法律运行的自动化。它所革新的关系，表面上是人与法的关系，但根本上是人与人的关系。以法而治，法律是明晃晃的工具；据法而治，法律是被挟持的工具；由法而治，就是将法律从被挟持的状态中解放出来。只有在由法治国的模式下，法律才与人真正平起平坐、互帮互助，人类社会才能摆脱国家政权是一部分人用来剥削和压迫另一部分人的工具的困境，实现人际的真正平等。

4.4.3 由法治国具有可行性

由法治国之所以具有可行性，从根本上说是由于整个世界通过数据记录以及通过数学表达是可能的。正如很多人认为的，生命的本质是化学，化学的本质是物理，物理的本质用数学来描述。在自然数据化的基础上，人类建立了自然物理学，用以阐述

① 中国法院致力于解决执行难，破除影响社会公平正义的最后一道樊篱。而通常认为，执行难之所以存在，而且相对于一些西方国家来说更为凸显，最主要的原因在于社会诚信体系还没有从根本上建立起来。此外，还涉及执行保险制度、社会救助制度、个人破产制度的配套实施。也就是说，我们感受到的执行难问题，在经过制度革新、各方努力之下是可以摘帽的。如此一来，法律的自运行程度将会大大提高。

和应用自然规律。同样，在社会数据化的基础上，人类建立了社会物理学，用以阐述和应用社会规律。从最终意义上说，由法治国是可能实现的。

同时，由法治国也并不是玄而又玄、不可言说的东西。打个比方，原来的飞机、汽车都是人手动操作的，但智能科技的发展让自动巡航、无人驾驶成为现实。法律也是一样的，“徒法不足以自行”所对应的是法律需要人来手动操作的状态，由法治国则是人机深度交互条件下法律自动运行的状态。法治的价值目标决定了法律自动运行的必要性，智能工具的发展应用和人机共生提供了法律自动运行的可能性。在漫长的历史演化进程中，人类通过“子子孙孙无穷匮也”的优势不断试错以求索最优的国家治理方案，并且这个进程还在进行当中。[①]这种试错方式的成本很高，只不过是平均到了整个进程当中。在可以预见的未来，在人机共生条件下，法律规则的确定过程应当是，由人类确定不同的方案，由智能工具在不同方案下随机演化。基于智能工具的天然优势，它可以在极短时间内遍历一切可能。然后把最终结果呈现出

① 阿尔法狗项目负责人David Silver博士等于2017年在《自然》杂志发表文章称，新一代AlphaGo Zero完全从零开始，不需要任何历史棋谱的指引，更不需要参考人类任何的先验知识，完全靠自己一个人强化学习（reinforcement learning）和参悟，棋艺增长远超阿尔法狗，百战百胜，击溃阿尔法狗。这是人类跳出理论局部最优的征兆。见SILVER D. Mastering the game of Go without human knowledge［J］. Nature，2017（10）。

来，供人类作出决策。[①]而法律规则的运行过程则是，在规则既定的条件下，由智能工具帮助人类找出最优解。人类试错的成本将大大降低。

近年来，在这个方面，我国各地进行了很多有益的探索。比如在浙江，围绕立法全生命周期，按照“平台+大脑”的改革架构，强化立法综合应用“大脑”建设，基于大数据分析等技术，构建集智能起草、智能检索、智能比对、智能文本、智能清理和智能统计等一体化的智能应用体系。智能起草，即通过导入立法技术规范并利用文字识别等技术，实现立法资料收集分享、文本在线起草辅助、协同起草修改记录留痕等功能。智能检索，即通过输入法规草案关键词、短文本，自动匹配相关法律法规、法学期刊等，并按照效力级别、时效性、发布日期等条件对检索到的立法资料进行自动筛选。智能比对，即通过法律大数据分析技术，对法规草案文本与国家法律行政法规和其他相关地方性法规进行比对分析，快速匹配关联的上位法和同位法具体规定，实现文本的比对和分析，为完善法规条文设计提供参考。智能文本，即根据立法相关文件的格式规范要

① 美国学者Kory Becker和Justin Gottschlich于2017年9月发表了一篇名为《人工智能程序员：使用遗传算法自动创建软件程序》的文章，该文介绍了首个能够自动生成完整软件程序的机器学习系统，全程只需要最低限度的人类参与，即在开始时输入指令，在结束时接收适用于某项任务的函数。AI编写的程序能够实现在无限可能性之间找到最合适的答案，从而克服了人类时间和智慧方面的局限。原文题目为*AI Programmer: Autonomously Creating Software Programs Using Genetic Algorithms*，来源于康奈尔大学图书馆，https://arxiv.org/abs/1709.05703，访问日期为2022年11月22日。

求，设置标准化模板，填写要素信息后，系统自动生成规范文本。智能清理，即通过数据关联计算等技术，实现地方性法规上位法变化自动提醒、到达清理年限自动提醒和清理目录的辅助生成。智能统计，即通过大数据研判技术，对立法形式、领域类别、立法需求、征集意见等进行可视化分析，为立法决策提供数据支撑。①

而在司法方面，中国法院积极应用人工智能、大数据等现代科技，为法官办案提供案件信息自动回填、卷宗自动分类归目、庭审语音自动转录、类案智能推送、法律文书辅助制作等智能化辅助办案工具，减轻法官30%以上的事务性工作，庭审效率提高20%以上。发布规范和加强人工智能司法应用的意见，明确人民法院应用人工智能技术的指导思想、总体目标、基本原则、应用范围、系统建设和综合保障等方面的要求，构建具有规则引领和应用示范效应的司法人工智能技术应用和理论体系，推动人工智能同司法工作深度融合，创造更高水平的数字正义。这些都是很好的探索。

4.4.4 由法治国的实现是有条件的

当然，法律的自动化运行是有条件的，并且条件的具备需要

① 吴江，方帅，林蔚.数字化立法激发地方立法新活力［EB/OL］.［2022-11-23］. http://www.zjrd.net/Article/View?UUID=03A03B11CC161-C9DDDC88-2C14-43C5-AE6C-CBC4EA0FF3B3.

一个过程；法律的自动化运行也是有范围的，超出其范围来谈法律的自动化运行无异于痴人说梦。我们知道，信息化是智能化的基础和前提。法律自动化运行的范围和程度，取决于社会数据化的范围和程度。法律所对应的是一个多元性、多层次性、多面向性、多维度性的复杂巨系统，它总体上可解构为低阶、中阶和高阶三层结构。低阶系统位于金字塔结构的底层，其涉及的要素物理和化学性质相对确定，具有可以精确描述的性状，可以取得相应的参变量，比如国家治理所涉及的人员、物资、经费等。中阶系统位于金字塔结构的中层，所涉及的要素有一部分可以定量，称为定量中阶系统；而另外的部分只能定性，称为定性中阶系统。将二者结合起来就构成了国家治理领域的基本元素，比如党的十八届四中全会提出的作为全面推进依法治国总目标的法治体系即为适例。高阶系统位于金字塔结构的顶层，主要由抽象的原则、方针、主线、政策等构成，[①]其特点是难以通过数理方法精确计量，而只能求助于现代模糊数学和灰色系统理论适当予以刻画。[②]低阶系统和定量中阶系统，因为能够量化、数据化，因此完全可以实现执行运行。

① 典型的例子，比如党的十八届四中全会提出的全面推进依法治国的重大任务就是完善以宪法为核心的中国特色社会主义法律体系，加强宪法实施；深入推进依法行政，加快建设法治政府；保证公正司法，提高司法公信力；增强全民法治观念，推进法治社会建设；加强法治工作队伍建设；加强和改进党对全面推进依法治国的领导。这些部署是国家治理的重要组成部分，但如何落实，还需要探索建立可以量化的指标体系。

② 江必新，邵长茂.论国家治理商数［J］.中国社会科学，2015（1）.

V

5　自主政制

自主政制指的是，在未来，[1]基于人机共生条件，人作为超级个体有能力亲为国家治理活动，所形成的政制体系。近现代宪制的理论和实践根基是民主政制，自主政制是因民主政制所具有的二律背反性和固有局限性而进行的扬弃与超越。自主政制的逻辑起点是公权利，所塑造的治理模式是结网治理，对应的权力状态是水平性权力，其实现有赖于互利机制。

5.1 自主政制是对民主政制的扬弃与超越

5.1.1 民主政制需要扬弃与超越的根据在于民主政制的二律背反

民主政制的二律背反，指的是民主的目标在于确保人民当家作主，但其在实际运行中因动力机制的天然故障而使人民作不得主。民主政制的二律背反，是民主政制本身的固有局限，该局限

---

① 本章所属内容并非针对现状，而是探讨在久远的未来，智能高度发达、社会高度自治，共同体该如何组织。因此不涉及对现状的批判（更不包含批评）。

不同于可以通过修补等方式克服的“疥癣之疾”，这也决定了西方民主制不可能是终极治理机制。

在20世纪的后半段，人类社会进入难得的相对稳定期，经济持续增长，这种情形在采用西方民主制的国家更加凸显。于此背景之下，乐观情绪滋生，“历史终结论”被提了出来。这种理论的核心观点是，人类历史最终的政体形式就是西方民主制，所有采用其他形式的统治——比如伊斯兰政体、军政府制——必将衰败和沉寂。与这种理论相适应的是，以西方民主的方式构架政体的做法逐渐成为世界浩浩汤汤的大趋势。实践证明，这种带有浓厚宿命论色彩的历史决定论，还是过于乐观了。民主政制虽然在人类社会获得了无可置疑的威望，被认为是人类政治文明的结晶和自由、平等、公平、正义的屏障，但其固有缺陷也是显而易见的。

俞可平在其名作《民主是个好东西》中曾有这样一段论述：“在民主政治条件下，官员要通过公民的选举产生，要得到多数人的拥护与支持；其权力要受到公民的制约，他不能为所欲为，还要与老百姓平起平坐、讨价还价。单这两点，很多人就不会喜欢。因此，民主政治不会自发运转，它需要人民自己和代表人民利益的政府官员去推动和实践。”[①]在西方的民主政治体制中，公民在国家治理中只拥有极其有限的角色空间，一般仅限于在定期选举或者重大国家问题中进行投票。马克思主义认为，历史是由人民创造的，这无疑是合理与正义的。但在历史舞台

① 俞可平.民主是个好东西[J].民主，2007（1）.

上演绎的往往是一小部分人（国王、将军、思想家、艺术家）的故事，决定整个国家以及未来的真正权力实际上把持在国会议员、政府部长、公职人员等少数人手中，余者往往是背景和陪衬。

“未履行民主所允诺的好处，可能是民主制度所面临的最大挑战。”[①]被誉为“犹如行为科学的达尔文”的美国政治学家Harold Lasswell（哈罗德·拉斯韦尔）对此一针见血地指出：“政府终归是少数人的政府，不管这些少数人使用一个人的名义，还是使用许多人的名义。”[②]美国著名公共政策学家托马斯·戴伊等提出：“民主政体本应是‘民治政府’，但民主政府存亡的重担却落在了精英的肩上。这是对民主的反讽：民主政治要存活必须有精英的明智统治。”[③]政论家托马斯·凯罗塞斯针对1989年柏林墙倒塌之后关于几乎所有国家都会过渡成为民主制的假设指出：“该过渡‘模式’的假设是靠不住的，很多维权精英阶层无意建立削弱自身权力的民主制度。”[④]台湾大学法律学院教授李茂生在论述西方民主制度时也指出：“现代的统治者在本质仍然和中世纪的统治者一样，他们都是少数的精英分子，强占了所

① 福山.政治秩序的起源：从前人类时代到法国大革命［M］.毛俊杰，译.桂林：广西师范大学出版社，2012：5.

② 戴伊，等.民主的反讽［M］.林朝晖，译.北京：新华出版社，2016：1.

③ 戴伊，等.民主的反讽［M］.林朝晖，译.北京：新华出版社，2016：2.

④ 福山.政治秩序的起源：从前人类时代到法国大革命［M］.毛俊杰，译.桂林：广西师范大学出版社，2012：5.

有的资源，而且总是自私自利。”[①]民主制开启了一个充满想象力的形式和空间，但形式不代表内容，空间不代表存在，“拥有民主制度这一事实，并不表明其治绩的优劣”[②]。事实上，人民当家作主在西方民主制下并没有成为现实。既然民主政制不会自发运转，让官员来推动一个对己不利的制度勉为其难，但又不给人民常态化参与的机会，那么，何来民主？这就是民主自身难以克服的固有局限，也就是民主政制的二律背反。从一定意义上说，真正的贫穷是政治上的贫穷而非经济上的贫穷，即便经济上的贫穷也无不根源于政治上的贫穷，这是西方民主制运行几百年得出的深刻教训。

民主政制的二律背反决定了它不应是人类社会最好的制度，更不可能是终极的制度。从民主走向自主，从民主政制走向自主政制，是人机共生条件下的必然选择。

5.1.2 共识民主制的探索无法从根本上解决民主政制的固有局限

西方民主是以英国威斯敏斯特模式为样板发展起来的，“多数人的统治”是其基本内核。针对西方民主制度所存在的不能解

① 格雷伯.为什么上街头?：新公民运动的历史、危机和进程［M］.汤淑君，李尚达，陈雅馨，译.台北：商周出版，2014：7.

② 福山.政治秩序的起源：从前人类时代到法国大革命［M］.毛俊杰，译.桂林：广西师范大学出版社，2012：5.

决偏好冲突问题，阿伦·利普哈特在《民主的模式》[①]一书中提出了共识民主模式。简单地说，如果把传统民主模式定义为“多数人的统治”，那么共识民主模式追求的是“尽可能多的人的统治”。利普哈特认为，共识民主模式的制度特征表现为以下五个方面：（1）政府体制上不同于多数民主模式的一党多数内阁，而是采用多党联合内阁，行政权是由组成联合内阁的所有成员分享。（2）在立法权与行政权的关系上，立法机关和行政机关的权力关系比多数民主模式下的二者关系更加相互独立、平衡。（3）政党制度是采用不同于多数民主模式的一党制的多党制模式，是多党的联合执政分享权力。（4）选举制度不是采用不同于多数民主模式的多数决的非比例代表制，而是实行比例代表制，各个政党按比例分配议会席位。（5）利益集团制度是合作主义的，注重利益集团间的相互协调、相互合作，而不是多数民主模式的利益集团间的相互竞争、互不合作。[②]在实践中，一般认为荷兰、瑞士、比利时等国，符合共识民主制的条件，并认为这种民主模式对于分裂社会尤其有效。

共识民主制作为对传统民主制的扬弃，无疑是一个有益探索，但它无法从根本上突破民主政制的固有局限。

首先，传统民主制除了偏好冲突以外，还有动力机制缺陷，以及本书第一章所概括的六组基础性矛盾。共识民主制重点解

① 利普哈特.民主的模式：36个国家的政府形式与政府绩效［M］.陈崎，译.北京：北京大学出版社，2006：1.

② 王缉思，唐士其.多元化与同一性并存：三十年世界政治变迁（1979~2009）［M］.北京：社会科学文献出版社，2011：1–67.

决的是偏好冲突问题，对其他问题的关注不够。

其次，社会选择理论表明共识的不可能性。“囚徒困境”博弈、“公地悲剧”理论、“阿罗不可能定理”等社会选择理论，从博弈模型、数学推理等角度，论证了人类无法找到一种方式将多元偏好聚合成为社会决策，因此，共识的达成是不可能的。事实上我们也都能感受到，对于人以外的东西，大多数人的认知能够趋向于基本一致，而在人文社科领域，则往往是“公说公有理婆说婆有理”。2017年，英国哈珀·柯林斯出版集团与我国上海世纪出版集团签约，把上海市小学生的数学教材引入英国，名为《真正上海数学》。除了把人民币符号改成英镑以外，几乎一字不差。实际上，对于物理、化学、数学这些科目，全世界都可以用一套统一的教材，而这在政治、历史、品德等文科领域是不可想象的。因为在人文社科领域，就连万有引力、质量守恒这样的公理都不存在，遑论共识。

最后，定量研究表明共识民主模式对分裂社会难题无益。“在一项最近研究中，赛尔韦和坦普尔曼利用101个国家的106个政体数据，以比例代表制—多数决定制、议会制—总统制、联邦制—单一制三项具体制度作为分别的制度自变量，以政治暴力作为因变量，进行了大样本的定量分析。他们发现，在单一族群社会，上述制度安排的差异对政治暴力水平没有影响；在族群分裂程度高的社会，比例代表制和议会制与高水平的政治暴力正相关，而联邦制与政治暴力水平的相关性更不确定。这项研究也认为，共识民主模式不仅不能解决高度分裂社会的族群冲突，反而会加剧族群冲突，加重政治暴力。这项研究在样本规模和研究方法的严格程度上都要优于利普哈特的《民主的模式》。所有这些都从经验证据角度对共识民主理论构成了实质性的挑战。”①

5.2 自主政制的逻辑起点是公权利

5.2.1 公权利是人在公域中所具有的权利

公权利也被称为公法权利，是公民、法人或其他组织在公域中所具有的权利。对此，日本盐野宏教授认为，公法权利是指“私人对于行政主体所拥有的权利”②。韩国金东熙教授认为，公法权利是指“公法赋予个人的，为了自身利益，能够向国家等要求一定的行为（作为、不作为、给付、容忍）的法的力量”③。

你我有幸生活在一个逐渐关注“我”的时代。对于“我们”，要讲正义；对于“我”，要讲权利。这里的权利首先是公权利。人类政治文明，自公权利勃兴而开真正之始。一个真正强大的国家，是国民强大的国家；一个真正强大的国民，是公权利强大的国民。总览中外数千年之史乘，任何一国的构成无不涉及两个核心要素，即政府（广义）和人民。缺少其一者，不成为国。其

① 包刚升.共识民主理论有“共识”吗：对利普哈特研究方法的学术批评［J］.经济社会体制比较，2014（5）.

② 盐野宏.行政法［M］.杨建顺，译.北京：法律出版社，1999：28.

③ 金东熙.行政法［M］.赵峰，译.北京：中国人民大学出版社，2008：65.

关系结构，一言以蔽之，主权[①]在国，政权[②]在民，[③]治权[④]授予政府，如此而已。[⑤]国有大小，但寰宇中可以被称为大国的，未必地广物丰，不见得人多势众，更不论武力高低，有大民者，可谓大国。大国崛起并非别的，乃国民由“小民”化为“大民”的过程。而民之大小，是与政府及他人相较后的“余额”，表明其在国家中的地位。公权利即用以测算的计量器。换言之，民之大小，取决于有效公权利的数值。凡能享有较高公权利数值的国民，是为大民；凡由大民组成的国家，可谓大国。随着历史的变迁与文明的进步，国民对其权利不仅期待一种价值层面的普遍性，而且期待一种普遍义务的对应性；不仅期待一种理想追求的具体性，而且期待一种具体实践的可能性。公权利正是在这样的情势下出现在当代人的视野中，并毋庸置疑地构成公法的基础性概念。[⑥]

① 主权是国家对内的最高权和对外的独立权；在国际法上是国家的根本属性，是国家基本权利的基础。相互尊重国家主权是国际法的基本原则之一。夏征农，陈至立.辞海［Z].上海辞书出版社，2009：3027.

② 政权，亦称“国家政权”。通常指国家权力，有时也指体现这种权力的机关。

③《中国人民政治协商会议共同纲领》第12条：中华人民共和国的国家政权属于人民。

④ 治权是“孙中山所称的政府治理国家的权力。亦称‘政府权’或‘五权’。‘民权’的对称。包括立法权、行政权、司法权、考试权和监察权”。

⑤ 认为政权是政府之权的简称，属望文生义。在“应然性关系结构”中，政府不享有政权，而只具有治权。

⑥ 公权利具有非常独特的作用：第一，它是监督和控制公权力成本最低、效用最大的手段。第二，它是民主体制下一部分人用以抵抗另一部分强力的工具。第三，它是行政义务的来源之一，行政义务的来源，除了法律规定，还来源于公权利。如果法律赋予公民有某项公权利，则政府作为对应一方，有相应义务。第四，它是公民参与国家治理、帮助政府治理国家的有效方式。

5.2.2 公权利是政治产权的量化形态

政治产权是极为重要的一个概念，它是“使现代的奴隶取得与人相称的地位”[①]的凭据和保障。实际上，在政治、法律领域本无这个概念，本书借用经济学领域的产权概念提出来，专指公民个体对国家政权的实质性所有权。

个体是置身于公的场合而获得生活的领域的。公权利的“公”是最大可能地向不特定多数人开放的一种状态。公与私是相对而言的，二者处于一个链条型动态结构中，亦即一种被视为“公”的状态，在另一种情境下则被认定为私。把抽象而遥远的“政权”分解为具体而微的“公权利”，这是一个在政府与人民之间发生的权利性虹吸现象。[②]而之所以要进行“虹吸”，是因为政治产权背后的控制权，才是意义所在。

当今世界，极少有国家不宣称其一切权力为人民所有，也就是说，人民本应当生活在一个每个公民都有一份“政治产权”的时代。但最终人民往往并没有实际拥有这份“产权”。在《民主的反讽》一书中，作者斩钉截铁地指出，林肯所希望的“民有”政府在美国是不可能实现的。[③]包括美国人民在内的多数人类，由于缺乏控制权，缺少使用权能，对于政治产权，也仅有一份虚拟的幻想。究其原因就在于，任何形式的公有制，均天然地倾向

① 马克思恩格斯全集：第2卷［M］.人民出版社，1957：626.

② 所谓虹吸现象，是“利用曲管将液体经过高出液面的地方引向低处的现象”。

③ 戴伊，等.民主的反讽［M］.林朝晖，译.北京：新华出版社，2016：10.

于走向少数人的私有制。[①]“产权的社会化程度与明晰化程度成反比：同一种物品或同一个企业，如果就其实物形态而言，共有的人越多，明晰化程度就越低。”[②]正因如此，政治产权的公有制，往往导致政治家的欺世盗名以及个体的麻木不仁。如果说，经济产权的私有制，让人类社会得以繁荣和富足；那么，政治产权的私有制，则让人类社会得以文明和高贵。一个有德性、有诚意的政治产权制度，应当避免把政治产权大而化之的做法，而切实把这份权力具体地落实到每一个人身上，使每一个人对国家政权的相应份额具有完全的产权，可以完全行使，并且让人民积极参与共同体事务。[③]

---

① 如果某处财产为大家所公有，理论上其产权也就是你我的。一般认为，所有权具有占有、使用、收益和处分四项权能。但时间一长便会发现，对公有财产既不能使用，也不能处置，甚至不能放弃，那么这个产权就只是名义上的，实为虚假的，因为缺少了相应的权能。政治领域的“产权”也是一样的。判断一个政权是否为民所有，不是看宪法、法律中的规定，而是看公民对政权是否具有控制力。凡公民对政权没有实际控制力的，不是民有的政权。

② 吴稼祥.公天下：多中心治理与双主体法权［M］.桂林：广西师范大学出版社，2013：328.

③ 在一个良好的政治产权制度中，个体的利益与整体同体化，损害整体就意味着损害自己。而一个劣质的政治产权制度，则让个体与整体的利益形成对冲，越是维护个体利益，对整体利益伤害就越大。伟大的思想家伏尔泰指出，“雪崩时，没有一片雪花觉得自己有责任”。这无疑就是政治产权没有实质化的恶果。世界和国家是我们的，也是我的。所以，不仅天下兴亡人人有责，而且天下兴亡你我有责。

5.2.3 公权利是个人在共同体中的参与资格和议价资本

共同体是一个多元复杂系统，某一成员在共同体中能够获得多少资源，从根本上取决于其具有多少议价资本。在一个共同体中，成员所具有的议价资本，最核心的就是公权利。没有公权利，就无法正当地获取相应的资源。

我们知道，传统国家治理的治理者以抽象的人民群众作为服务对象，而非具象的公民个体。公民个体的参与资格与议价资本匮乏。如果没有经过量化的公权利，个人就没有资格去参与以及没有资本去议价，因此也就没有在这个共同体中相应的影响力。生活在当代的人，尽管名义上是一切权力的所有人，但仍然在共同体中缺少存在感，对共同体事务缺少参与感，对自身命运怀有无力感，原因就在于此。

从这个意义上说，一切贫困，亦根源于公权利上的贫困。通过公权利把政治产权具体化和量化，从而使公民个体不再忍受政治上的贫穷，这是自主政制的基本要求。所以，把政治权利归集于个人，并非斤斤计较，以一种狭隘、封闭、收缩的小农主义思想抗拒社会化的大势。段永朝指出，“传统经济学或者商业社会从诞生以来就是一直为所有权而战”[①]，当人类进入互联网时代，应当摒弃所有权，转而专注于“体验”。一个大多数人没有直接体验的政治共同体，无论从哪个角度说它属于大家的，都缺少说

① 段永朝，姜奇平.新物种起源：互联网的思想基石［M］.北京：商务印书馆，2012：248.

服力。但要强调的是，所有权是体验的根基，在宪法明定具有所有权的情况下，都无法获得直接的体验，遑论不以所有权为凭据？所以，在自主政制状态下，国家政权需要被公民个体等分，并根据实体性的权力进行议价，获取相应的资源。这是自主政制与民主政制以及人民主权在机制层面的不同之处。

5.2.4 公权利也是公法理论的基石

公法学领域通用的"公权力—私权利"分析模式是有待商榷的，这是因为，公法调整的不是国家公权与个人私权之间关系的法律，而是国家公权与个人公权之间关系的法律。简单点说，公法调整公权利，私权利属于私法的范畴。公权利也被称为公法权利，是公民、法人或其他组织在公域中所具有的权利。同理，私权利是公民、法人或其他组织在私域中所具有的权利。公权利与私权利的区别可以概括为以下几点：（1）私法关系主体之间互为权利义务，即一方的权利为另一方的义务；公法关系主体之间的权利义务不具有完全的对应性，一方的义务不一定是另一方的权利。（2）私权利大多数处于双方法律关系中；公权利大多数处于多方法律关系中。（3）私权利受私法自治原则支配，若不违反法律规定，又无悖反于公序良俗，内容任由当事人约定。公权利则不然，受依法行政原则约束，其内容颇受限定。（4）私权利与私义务具有对应关系，有享有权利之人即有对称的负有义务之人，但公法上义务则不尽然。比如，行政主体具有依法行政的义务，行政机关工作人员也应当诚实清廉、勤勉谨慎，但这些职务义务并无对应之权利主体。

从公权利与私权利的区别来看，传统法学把人身权、财产权等权利认定为私权利是错误的。我国《民法典》第一编第五章规定了民事权利，内容包括人身权、物权、债权、知识产权等，由此形成的“常识”是这些权利都是民事权利，也就是私权利。这种认识的错误之处在于没有看到通常被视为私权利的人身权、财产权同时也有公权利的一面。举个容易理解的例子：自然人甲有一套房屋，对房屋的所有权往往被理解为“私权利”。但既然只是“私权利”，为什么同样是因该房子被推倒出现纠纷，如果推倒行为是由邻人作出的，是一种处理机制和处理结果；而如果推倒行为是由政府作出的，则纠纷的解决是另一种处理的机制和结果。显然，在第二种情况下，对该房屋的所有权呈现出了“公权利”的面向。

把公权利误认作私权利，导致了对公权利保护的不力。[①]权利在私法上的保护首先由宪法提纲挈领，转而由民事实体法予以确认和配置，最后由民事诉讼法等程序法予以保障和救济。而在公法上，直接由宪法而至行政诉讼法，缺少实体法的确认和配置环节。换句话说，行政实体法对公法权利的确认和配置是公法权

① 为什么在物权法的制定过程中，公法学者的参与严重不足，而私法学者也由于学科限制，没有考虑与之相应或配套的公法规则，导致最终制定出来的物权法不好用？主要原因就是私法学者认为物权就是私权，即便在面对国家和政府的时候，也是私权，只不过把它解读为“对私权的限制”。而公法学者中尽管有些人意识到物权也是公法权利，但由于缺少理论准备，无法有效地参与立法过程。

利得以在法律上形成的制度性支撑，但直到今天，行政法学界还没有真正认识到这个问题，还把主要的精力放在呼吁制定行政程序法上。行政程序法固然重要，程序固然有独立的价值，但这种重要性和独立性是相对的，也就是相对实体而言的，如果没有实体，程序再重要也是无源之水。为此，建议以“公权利—公权力”为内核重构公法体系、重塑公法制度、深化公法实践，具体而言：

——在学科体系上。取代“公权力—私权利”，以公权力与公权利的关系作为公法的核心命题。公法权利是成文法国家公法尤其是行政法总论的支撑性概念[①]，反观我国，虽然承认法学是权利义务之学，但与私法权利相对应的公法权利的概念和理论并未形成，作为行政法学科基础和行政法律关系内容的公法权利的概念和理论并未形成，作为公民据以捍卫其在公共生活中的权益的公法权利的概念和理论并未形成。所以，这个缺失既是理论上的，也是学科上的，还是制度以及现实层面上的。行政法学上，应把公法权利在行政法律关系一章中明确提出来，并作为单独一节论述，将公法权利的配置、运行与救济作为行政法学在控权之外的又一条主线，据此重构行政法学科体系。

——在法律制度上。第一，行政实体法律规范的权重要大幅度增加，并在行政实体法中对人身权、财产权、参政权等公法权利的实体内容进行配置和确认。从而使行政法上的权利在请求权以外，也有基础性权利。第二，改变法律制度上以“宪法+行政

① 德国、日本、韩国的教科书一般将其放在行政法律关系这一章。

诉讼法+国家赔偿法”对公法权利进行规范和保护的现行模式，审慎对待行政法学界力图构架的“宪法+行政程序法+行政诉讼法+国家赔偿法”模式，主张建立“宪法+行政基本法+行政诉讼法+国家赔偿法”的模式。第三，清除现行法律制度上对公法权利的实现人为制造出来的障碍，在制度上达到与经济社会发展相适应的公法保护水平。例如，行政诉讼法只保护人身权和财产权受到侵犯的案件，不保护社会权利、政治权利受到侵犯的案件；房屋征收不能达到市场价格；等等。第四，用公法的方式保护公法权利。如“选民资格案件”，本来是一个公法事件，但在我国却是放在民事诉讼中。第五，建立和完善合宪性审查制度。

——在法治实践上。第一，将公法权利的生长作为推进法治建设进程的重心。当前法治建设，往往把重心放在控制国家权力上。那么，靠什么控权？西方是三权鼎立，在中国是权力的分工与合作，不是“分立”。通过分权而控权固然重要，但再重要也不如通过个人的公法权利来监督和制约国家权力来得重要。所以，公法权利的生长，而不是控权，才是法治建设的重心。第二，将公法权利作为法治运行的一个基础性概念。例如，将权利的公私属性作为确定诉讼管辖的依据。我国与大陆法系国家一样，诉讼是严格分门别类的，不同性质的权利通过不同的诉讼制度并适用不同的法律来保护，“国家对人民权利的保护方法因公权或私权而有显著的差异”。显然，划分性质不同的公权利与私权利有利于正确解决诉讼管辖分工问题，进而有效地保护公民的权利。一般说来，关于私权，不问任何事件，人民都可以提起民事诉讼去请求国家的保护，而人民的公权，一般都不能根据民事诉讼去请求保护，否则有遁入私法之危险，使政府行为不能受到应有之规制。第三，将公法权利作为提高公民主体性地位的平台。当人民没有公法权利时，他们就意识不到国家属于自己，并与政权保持距离。当人民拥有权利时，他们就会意识到国家应为自己所关注，并接近政权。我国正在全过程人民民主的要求之下进行社会治理创新，社会治理模式将发生历史性变化，开放型政府与参与式行政必将造就国家、政府、社会各种力量的协作以及在此基础上的共同治理（当然这里也要警惕所谓的公民社会陷阱），人民的主体性地位不断提升。社会治理新模式需要把公法权利作为一个基础性平台。第四，将落实和扩大个人的公法权利作为发展我国民主政治的重要内容。中央提出，要以保证人民当家作主为根本，以增强党和国家活力、调动人民积极性为目标，扩大社会主义民主，建设社会主义法治国家，发展社会主义政治文明。发展社会主义民主法治与扩大个人的公法权利是一个问题的两个方面，要把公法权利的发展作为民主政治进步之阶梯。

5.3 自主政制塑造的治理模式是结网治理

结网治理，是相对于分层治理而言的，它指的是在人机交互特别是万联网条件下，人类社会以内生力（而不是自上而下的强制力）自发地结网组织在一起而成就的治理模式。

5.3.1 结网治理是万联网时代的基本组织方式

“帝尧之世，天下大和，百姓无事。有八九十老人，击壤而歌。”老人所歌者为：“日出而作，日入而息。凿井而饮，耕田而食。帝力于我何有哉？”[①]这种田园生活让世人向往。然而，人天生就是群居性的物种。“匪鹑匪鸢，翰飞戾天；匪鳣匪鲔，潜逃于渊。”[②]作为人类之一分子，独隐于野的情况实属特例，结群而居几近于本能。事实上，“人类社会一直在努力组织起来，以征服自己所处的环境”[③]。尤其是在当前，以大数据、云计算、人工智能以及所有人、物都可以互联互通的“万联网”为标志的机器智能，带来了人类历史上最为深刻的一次变革。随着机器智能水平的不断提高，随着人机合一进程的不断深化，随着人脑加电脑所塑造的新人类（或曰超人）不断强大，未来世界的社会结构必将重新架构，这种变化的内核是从“分层”转向“结网”。这里的“网”就是“万联网”。在万联网世界，谁都很难离线脱网，甚至没有线上与线下的区别，但凡存在，必定在网。也只有在网，才能呈现出个人的意义。如此一来，每个个体、节点都能融入系统、互联互通，基于自上而下的权力所形成的各种利益固化的体制壁垒也将被打破。

---

① 载于先秦古诗《击壤歌》。

② 载于《诗经·小雅·四月》。

③ 福山.政治秩序的起源：从前人类时代到法国大革命［M］.桂林：广西师范大学出版社，2012：7.

5.3.2 结网治理是一个自组织过程

钱学森提出："系统自己走向有序结构可以称为系统的自组织。"[①]一般认为，自组织是指"系统在没有外部'指令'或外力干预的条件下，内部各子系统间按照某种规则形成特定结构与功能的现象"[②]。自组织系统认为，"开放系统在远离平衡的非线性区，通过引进负熵和正反馈循环，经涨落或起伏，会从无序状态产生有序结构"[③]。自组织表示系统的运动是自发的、不受特定外来干预的，其自发运动是以系统内部的矛盾为根据、以系统的环境为条件的系统内部以及系统与环境的交叉作用的结果。首先，"只有开放系统才有自组织，……封闭的系统不可能自组织起来，自发实现由混沌到有序的发展"；其次，"系统的自组织其中也常常包含了系统的进化和优化的意思"，"本质上体现的是系统的合目的的发展"。[④]实际上，人类在早期就是以自组织这样一种方式进行活动的，[⑤]并且其他物种现在在自然界中仍然如此生活。正如克鲁泡特金在《互助论》中所说的，互助和群体关系是自然的。但是从文艺复兴之后，这个社会从社会结构上来看，和

① 钱学森，等.论系统工程［M］.长沙：湖南科学技术出版社，1982：242.

② 夏征农，陈至立.辞海［Z］.上海辞书出版社，2009：3070.

③ 夏征农，陈至立.辞海［Z］.上海辞书出版社，2009：3070.

④ 魏宏森，曾国屏.系统论：系统科学哲学［M］.北京：世界图书出版公司，2009：274–275，280.

⑤ 斯特尔夫人有一句名言："自由是古代的，而专制才属于现代。"从这个意义上说是有一定道理的。

以前有了很大的不一样。也就是说有很大的人造趋势出现。[①]当然，结网治理所对应的自组织不是说要退回到过去或落后的组织状态，它是螺旋式上升之后的一种回归。

5.3.3 结网治理是一种分散化策略

人类是目的性动物，但人类的目的是否可以通过计划实现呢？实际上，人类所知仍然很少，而所处的世界又极复杂，那么最好的方法是通过分散化策略，让社会和市场中的每一个主体去尝试。尝试必然有失败，而且往往失败的情况占比更大，但必然也会有成功的情况，成功者则会迅速扩散。在这个过程中，看上去是无组织状态，秩序上也不那么井井有条，最终却能够自然而然地达成所期望的目标。在20世纪上半叶，经济学界最引人关注的一个争论是计划经济是否可行；而在20世纪下半叶，包括中国在内的一些国家已开始实行计划经济体制。通过这场思想实验，经济学界的一个基本判断是，分散化策略是应对信息不对称条件下经济运行的最佳方式。正是因为信息不对称，我们才不得不依赖于市场解决问题，才需要市场价格作为信息发现机制和信息交流机制；如果信息是对称的，每个人都知道所有其他人知道的东西，计划就会非常有效。[②]

---

① 段永朝，姜奇平.新物种起源：互联网的思想基石［M].北京：商务印书馆，2012：95.

② 张维迎.“计划与市场之争”根本就是方法认识论之争［N].社会科学报，1553（3).

5.3.4 结网治理具有有机性

“自上而下的分层结构与自发形成的秩序，两者的区别很可能在于：理性的秩序更多的像一种机械组织，有点像机器的这种构造。而这种自发生成的更多的像是机体，或者说生命有机体的构造。”①也就是说，分层结构是一种人为的机械关系，而结网治理是有机体的自然依存。万联网基础上的机器智能，能够把社会组织起来，像有机体一样运转。

我们知道，人类社会是一个开放的复杂巨系统。②分层结构的问题在于把复杂系统作简单化处理，并通过自上而下的强力维持这种秩序。结网治理的优势在于尊重系统原本的复杂性，不擅自简化这个世界。在结网治理模式中，治理者和被治理者是同构的，因此与环境的复杂性、变化性是共振的。并且，系统的整体和局部也是同构的，每一个局部是整体的神经末梢，每个细胞本身是一个全息结构，作为整体的细胞的行为和整体是同步的。同构和同步的条件是信息对称，实现的技术基础是对等网络技术，

---

① 段永朝，姜奇平.新物种起源：互联网的思想基石［M］.北京：商务印书馆，2012：95.

② 钱学森提出，按照组成系统的子系统以及子系统的多少和它们之间关联关系的复杂程度，系统可以分为简单系统、简单巨系统、复杂系统和复杂巨系统。复杂巨系统是指子系统种类很多并有层次结构，它们之间关联关系很复杂。所谓开放性是指系统本身与系统周围的环境有物质、能量和信息的交换。人类社会是由逐渐形成的大量多种类的子系统构成，这些子系统相互之间是一种多层次的结构。这样一个复杂的巨系统必然和社会环境有物质、能量和信息的交换，所以可以定义为开放的复杂巨系统。参见王克照.智慧政府之路：大数据、云计算、物联网架构应用［M］.北京：清华大学出版社，2014：9.

即通过技术上的信息对称，实现人际的利益对称。

5.4 自主政制下的权力状态为水平性权力

5.4.1 共同体的存在和运转以权压为必要条件

所谓权压，即因权力或权威所具有的能量而对外形成的压力。压力，指的是垂直作用在物体单位面积上的力。[①]引申到政治上，压力是指不平等关系中上面的支配者施加在下面被支配者身上的力度。这种力度，可以用大小、时效、范围和层级来衡量。[②]正压治理，指的是支配力度大、时效长、范围宽和层级多的治理。负压治理，指的是权威确定的支配者由于丧失权力即将或者已经成为被支配者的治理。

垂直压力是政治共同体存在的必要条件，无压力就无组织，也就不可能有文明。法国莫里斯·迪韦尔热提出："社会结构的第一要素是不平等。不平等有两种不同的表现形式：领袖与集团成员之间的个人不平等，阶级或阶层之间的社会不平等。"[③]他揭示的就是压力对政治共同体的不可或缺性。

权压有两个来源，一个是权威，比如历史上的周礼和宗法制

① 夏征农，陈至立.辞海［Z］.上海辞书出版社，2009：2615.

② 吴稼祥.公天下：多中心治理与双主体法权［M］.桂林：广西师范大学出版社，2013：320.

③ 迪韦尔热.政治社会学：政治学要素［M］.杨祖功，王大东，译.北京：华夏出版社，1987：106.

度；另一个是权力，包括军队、土地、税收等政治资源。[①]权力产生压力，压力激发抵抗力；权威产生引力，引力形成凝聚力。一个良好的政治体制需要把握的原则是：第一，控制权力压力；第二，增加权威引力；第三，提升执政治商；第四，优化法权结构；第五，进行活力增量改革。

5.4.2 权压大小决定国体模式

如果用D（drop）表示权压，I（interference）表示干涉程度，F（freedom）表示自由程度，那么我们可以得出权压的三个公式：

$D=I/F$

变式一：$F=I/D$

变式二：$I=DF$

① 权力和权威是存在密切联系的两个概念。“所谓权威，特别是政治上的权威，就是能为特定人群提供秩序的人（单数或复数）、机构或制度”，比如周礼和宗法制度。“权力和权威，有相同之处，也有相异之处。共同点是，让别人服从。不同点是，前者是强制服从，后者是自愿服从。还有，权力可以被挑战，权威不可被挑战。更为重要的是，权力是能力，权威是体制。所以，权威不仅是合法的，还是合情的、合理的、合俗的，或者说，是天经地义、无可置疑的。”（吴稼祥.公天下：多中心治理与双主体法权［M］.桂林：广西师范大学出版社，2013：173-174.）当然，权威尽管是天经地义、无可置疑的，但它也存在寿命问题，其寿命取决于权威来源的可持续性。比如说在历史上，血缘权威曾在漫长的时期左右了人类社会，该权威需要的是君主要有男性的后代。民主政制之所以存在二律背反，实际上也在于其权威来源（即民意）的不持久、不足量、不真实。

这三个公式所描述的权压数值，可以推导出各种国体状态，包括集权国体（僭主集权、寡头集权等）、共和国体（民主共和、贵族共和、领主共和）等。[①]D趋近于0时，I也趋近于0，这是无政府模式。林林总总的国体模式，不外乎单中心治理、多中心治理和无中心治理三种运作方式。

所谓单中心治理，指的是整个政治共同体以金字塔型立体结构[②]组织起来，并以处于金字塔塔尖的权力中心进行治理，以中央集权体制为典型。我们知道，以金字塔型权力结构为基础构造的政权已经百代变换，埃及金字塔却千年不倒，盖因金字塔在力学上是典型的内生性稳定结构，但金字塔型权力结构的重心在上，整个社会是依靠自上而下的推行而不是自愿组织起来的，所以并不像金字塔那样屹立不倒。“国家规模成形并扩大，带来规模压力。在规模压力下，国家会产生四大偏好：1.个人崇拜偏好；2.资源动员偏好；3.稳定偏好；4.一元化与凝聚偏好。”[③]实践表明，这种治理方式在规模较大的国家优势明显，它能够办成很多国家办不成、办不好的大事，并且具有巨大的腾挪空间。而单中心治理的劣势在于它在一体化的同时也造成了同质化。

多中心治理，指的是整个政治共同体以矩阵型权力结构进

① 有关内容及公式受吴稼祥论文的启发，但内容有所不同。参见吴稼祥.权威落差与政治稳定［J］.社会科学论坛，2006（7）.

② 美国学者丹尼尔·艾拉扎在《美国联邦主义》一书中提出，中央集权为“金字塔型”权力结构，联邦体制为“矩阵型”权力结构。

③ 吴稼祥.公天下：多中心治理与双主体法权［M］.桂林：广西师范大学出版社，2013：73.

行组织和治理。“多中心性”作为一个政治概念，人们对其内涵存在不同看法。美国的迈克尔·波拉尼在其《自由的逻辑》一书中认为，多中心秩序的含义是“自生自发”，而美国的文森特·奥斯特罗姆则认为，多中心体制意味着自组织能力，在一种多中心秩序理论中，其进一步主张个人是分析的基本单元。个人将占据在代理和信托关系的运用中为他人利益作出决策的位置。相对于单中心治理，多中心治理“解决中心下移问题；构造权威体系，解决支面扩张问题”[①]。但是，不管是单中心治理还是多中心治理，都不能解决政治共同体中的人们因为权力而产生的一部分人欺压另一部分人的问题，多中心只不过是把单中心治理的问题分解和淡化，但没有解决。早在《尚书·夏书·五子之歌》中，我们就有“民可近，不可下”的认识，但于国家制度上如何实现着实为难。

无中心治理的处理方法是把多样性和差异性作为后现代一个既成事实，提高对多样性和差异性的包容程度，以社会结构的扁平化、公共机构的减少、无中心的多样性和社会机构的自组织来适应社会的差异化现实。[②]对于无中心治理而言，正视政治共同体的复杂性以及成员需求的万殊性无疑是正确的，但自治和无政府主义仅能解决一部分问题，对于需要分工协作的事项，仍然需要相应的问题解决机制。自主政制不是无政府模式，本书也不认

① 吴稼祥.公天下：多中心治理与双主体法权[M].桂林：广西师范大学出版社，2013：333.

② 参见佛里森在《无中心民主：走向差异的政治学》一书中的相关论述。

为人类社会已经到达了可以以无政府状态进行运转的阶段。

5.4.3 水平性权力是在维持共同体运转的基础上实现自主政制的权力状态

水平性权力之所以能够让权力呈现出“水平性”，是因为它改变了传统的官僚化权力体制，而采用了一种平台化治理模式。平台化治理，是相对于官僚化治理（单中心治理、多中心治理）和无中心治理而言的，它指的是与社会组织的网络式立体结构相适应，行政、立法、司法、外交、国防等不再是一个封闭的以及高高在上的官僚机构，而变成一个平台和机制。

作为一个平台，它是政治产权人行使权力的平台。众所周知，出租车公司变成了网约车平台，并不会妨碍人们用车，反而更有利于节约成本、提高效率。实际上，行政、立法、司法、外交、国防等原本就是共同体的职能，只要该职能得以承担，是否要通过固定的机构或者相对固定的人来实现，并不是最重要的和不可改变的。

平台化治理就是把行政、立法、司法、外交、国防等从官僚体系的束缚中解脱出来，而变成平台，提供给感兴趣和真正有能力的共同体成员。人民当家作主并不是一个或几个时点上的当家作主，而是一个把国家治理的终极权威交付给全体人民的持续性过程。社会契约论认为，公民将部分权利让渡出来，形成国家权力，并授权政府实行国家治理。但在平台化治理状态下，公民个人保留治权，并且可以自由选择直接行使还是授权行使；实行一事一授权，如果授权，则由公民个人决定授权的范围和期限。而公民之所以要让渡权利，主要有两个理由，但这两个理由都是站不住脚的。

一是认为事实上无法实现人人事事亲自行使治权。对此，孟德斯鸠指出："（由自己来统治自己）在大国是不可能的，在小国也有许多不便，因此人民必须通过他们的代表来做自己所不能做的事情。"[①]在当代西方国家，主流的认识仍是如此。"大众政府即使是令人期待的，但是其在大型社会中是不适应的。林肯所希望的'民有、民治、民享'思想，是不可能发生在现实世界的，如果全美国的公民都聚集到一起，那将会是怎样的情景？人们就像军队一样接踵摩肩站在一起，他们将会占据66平方公里。召集3亿人在一起从逻辑上讲不算什么，然而要完成3亿人思想统一的会议就是天方夜谭了。"[②]据此，美国的政治家们论证了寡头统治之"不得已性"。但是，在现代通信条件下，治权的亲自行使已经不再需要如孟德斯鸠、托马斯·戴伊等人所说的非要把全国人民聚集到一起才可以实现。当前，每一个人都可以随时（24小时）随地（在家里、公司、车站等）对某一事项发表自己的意见，这使得人人参与治理在技术层面是不存在障碍的。

二是认为国家治理是专业性很强的工作，一般人没有相应的能力，所以应当由专业的人做这份专业的工作。约瑟夫·熊彼

① 孟德斯鸠.论法的精神：上［M］.张雁深，译.北京：商务印书馆，1982：158.

② 戴伊，等.民主的反讽［M］.林朝晖，译.北京：新华出版社，2016：10.

特在《资本主义、社会主义与民主》一书中说，公民所应做的就是选择一支领导者队伍代表自己，而不是试图直接解决问题。譬如，在经济交易中人们可以直接体验到所作决定的后果——如果他们购买了有缺陷的产品，立刻就会发现自己的失策。但对于政治决策来说，并没有类似的反馈机制。结果人们会远离真实、不负责任地行事。[①]但是，对于该问题具有说服力的一种解释是，当前人类所实践的民主形式无法激励人们获取政治知识和技能。“我们是否应该对如下事实感到忧虑：只要普通公民的角色主要局限在选举中投票，以及在个人利益受到威胁时的间歇性活动（比如对在自家后院修建新马路或兴建住宅的规划方案作出反应），我们的民主就是不完善的。”[②]积极参加共同体事务不仅能够提升个人的能力，而且让他们对政治事务产生持久的兴趣。

作为一个机制，它通过主持人模式进行运作。主持人模式作为政治共同体的一种组织模式，是相对于领袖模式而言的，它指的是在政治共同体中，通过主持人而非领袖组织作出决策和具体实施。很多人都对领袖的重要作用有所体认，这种情况在实行人治的国家尤为明显，因为在那里，一项工作的好坏在很大程度上直接取决于该事项的领袖。

但是根据马克思主义唯物史观，历史是由人民而不是英雄人物创造的。“无论如何要打破这样一种荒谬的、怪诞的、卑鄙的、

① 米勒.政治哲学与幸福根基［M］.李里峰，译.南京：译林出版社，2013：40.

② 米勒.政治哲学与幸福根基［M］.李里峰，译.南京：译林出版社，2013：46.

龌龊的陈腐偏见，似乎只有所谓‘上层阶级’，只有富人或者受过阶级教育的人，才能管理国家，才能管理社会主义社会的有组织建设。”[①]这是因为，“在这里透过各种偶然性来为自己开辟道路的必然性，归根到底仍然是经济的必然性。恰巧某个伟大人物在一定时间出现于某个国家，这当然纯粹是一种偶然现象。但是，如果我们把这个人除掉，那时就会需要有另外一个人来代替他，并且这个代替者是会出现的——或好或坏，但是随着时间的推移总是会出现的。恰巧拿破仑这个科西嘉岛人做了被战争弄得精疲力竭的法兰西共和国所需要的军事独裁者——这是个偶然现象。但是，假如不曾有拿破仑这个人，那么他的角色是会由另一个人来扮演的。这点可以由下面的事实来证明，即每当需要有这样一个人的时候，他就会出现：如凯撒、奥古斯都、克伦威尔等。如果说马克思发现了唯物史观，那么梯叶里、涅米、基佐以及1850年英国所有的历史学家就证明，已经有人力求做到这一点，而摩尔根对于同一观点的发现表明，做到这点的时机已经成熟了，这一观点必将被发现”[②]。可见，根据马克思主义原理，以主持人模式取代领袖模式，是没有障碍的，关键在于现实的可行性。我们知道，发生在美国的“占领华尔街”运动，起源只是一则杂志上关于2011年9月17日一起上街头占领华尔街的邀请，但却以一场震撼人心的公民运动向全世界演示了人们如何以充分且平等的

① 列宁.怎样组织竞赛？［M］//列宁选集：第3卷.2版.北京：人民出版社，1995：395.

② 马克思恩格斯全集：第4卷［M］.北京：人民出版社，1958：506-507.

参与方式决定集体事务，即以“直接民主”的方式进行参与，以“共识决”的机制作出决定。[①]它的组织者就是随机产生的主持人，并且不进行固定。可见，以主持人模式进行组织也并非不具有现实可能性。

水平性权力之所以具有“权压”，能够保证共同体的运转，则在于其权压来源于权威。传统观念认为只能靠权力形成政治共同体内部的垂直压力，并对其孜孜以求，这无疑是偏执的。生活在当代的人民，不论在经验还是知识上往往认为，正压治理是天经地义的。但从历史上看，不仅具有正压治理，还有负压治理，而且有均压治理。比如，《尚书·夏书·五子之歌》中提到：“皇祖有训：民可近，不可下。”[②]人民不在权力之下，而是与权力处于一种平等状态，这就是均压治理。人民与权力的平等状态保证政治共同体运转的动力就是权威。可见，均压治理，不等于零压治理，也是要有压力，只不过压力的来源在于权威而不是权力。作为一种均压治理，在平台化治理模式下，治理主体的正当性决定了其具有极大权威，而权威能够产生权压。这种治理机制，既

① 共识决的精髓是每个人都平等地参与决策，而且没有任何人需要被自己不赞同的决策所束缚。在实践上，这可以化约为四个原则：对于一项提案，任何人若有所主张，那么，他们的观点就必须要被审慎考量。任何强烈关注该提案或持有反对意见的人，他们的强烈关注或者反对意见必须纳入考量，并且在最后成形的提案中予以处理。任何觉得提案有违团体共享之基本原则的人，必须要有机会能否决提案。任何人都不该被强迫遵循他们不同意的决策。大卫·格雷伯.为什么上街头?：新公民运动的历史、危机和进程［M］.汤淑君，李尚达，陈雅馨，译.台北：商周出版，2014：282.

② 尚书正义［M］.上海：上海古籍出版社，2007：264.

解决单中心治理和多中心治理存在的垂直分层问题，又解决无中心治理存在的权威缺位问题；既保留自上而下的压力以确保共同体运转，又不导致一部分人挟持权力欺压另一部分人的恶果。

5.5 自主政制的实现机制是互利

自主是可以实现的，互利是自主的实现机制，智能是自主的实现技术。在互利与智能基础上设计共同体治理结构，自主目标的达成是完全可期的。

5.5.1 互利是什么

互利是在多元复杂结构的共同体中，各成员基于各自高度自利性以及彼此之间的高度依赖性，在各参与方均有利的区间内确定利益分配比例，进而实现“所有人的统治”。

就如何把一定范围内的人们组织起来这个问题，历史上出现了“威权解”和“契约解”这两种最为基本的方式。“威权解”是通过自上而下的强制力量，使共同体成员对权力一体服从。“契约解”是通过一份拟制的社会契约，使行使权力者拥有权力来源和权力行使的正当性，以代议制民主的形式以及“民意”“共识”的名义要求共同体成员一体服从。如果说“威权解”是一种简单粗暴的野蛮方式，那么“契约解”就是一种自欺欺人的虚伪方式。共识民主尽管试图突破代议民主的固有缺陷，但共识是并不存在的，由此决定了它也必然无法有效解悖。

互利明显不同于威权。在威权政治体制中，设计者尽管也会设置公共利益和个人权益两套系统，但往往通过公共利益优于个人权益的原则，把个人权益置于危险境地，并使把持权势者具有攫取特殊利益的通道。但在互利体制下，公共利益与个人权益并非高低结构，而是包容和依存关系，公共利益被设置为成员分工协作所形成的互利空间。

互利也不同于契约。“契约解”形成的体制是代议民主和共识民主，分别以“民意”和“共识”之名进行治理。但民意失真和共识难达，是绕不开的两个问题。况且以民意和共识进行治理，只是“多数人的统治”与“尽可能多的人的统治”。相对而言，互利是“所有人的统治”。

5.5.2 为什么是互利

之所以认为互利是自主的实现机制，在于以下几点。

第一，互利符合人类认识世界的方法论。世界之所以分裂，是因为每个人都觉得自己是对的。我们自认为的一些常识，比如说蝌蚪很小、鲸鱼很大，老鼠有害、青蛙有益，如果换一个评判坐标，就完全不是事实。在老鼠眼中，有害的不是老鼠，而是人类。人类是以自身为坐标认识和评判世界的。某一事物或事件的是非、对错、轻重、美丑、利害等，不同的人以及同一个人在不同时间因参照坐标的不同，而有不同的判定。所以民意、共识很多时候是不可靠的，只有自己才是自身利益最好的维护者。互利首先承认和捍卫人的自利，符合人类认识世界的方法论。

第二，互利符合人高度自利以及人与人高度依赖的现实。互利承认和捍卫人的自利，但互利不等于自利。“互利有两套评估系统，一套是自身利益的得失评价，另一套是合作方利益的得失评价，互利原则追求的是两者的平衡。”①

第三，互利捍卫人类社会的分工协作。“互利原则告诉我们：在分工的体系内，任何一方的利益，都包容在对方的利益之中，并以对方利益的实现为前提，破坏了对方的利益，也就相当于破坏了自身利益实现的基础。”②人类之所以可以作为一个整体存在，就在于人与人之间相互结合、互相依存、休戚与共，结成“命运共同体”。在这个共同体中，男人与女人、政府与民众、资方与劳方、生产者与消费者等都是分工协作的结果，都按照各自的资源和禀赋从事相应的工作，并且通过资源互通、禀赋互补使共同体的互利空间越来越大。对于共同体成员之间的利益冲突，要按照互利原则，将利益分配比例调整到互利空间内。若非如此，简单强调绝对的是非对错，导致分工协作中一方完全胜利或者完全失败，那么最终破坏的将是各方的利益以及整体的利益，胜利一方也将最终受损。

第四，互利能够有效弥合社会的分裂。共识民主是以适应分裂社会著称的，但共识对分裂社会是无益的，因为共识是无法达成的，并且即便达成，如果不符合其利益也无法持久。互利的相对优势在于：建立一个对各方都有利的互利空间；互利空间持续

---

① 陶永谊.互利：政治的智慧［M］.北京：当代中国出版社，2013：50.

② 陶永谊.互利：政治的智慧［M］.北京：当代中国出版社，2013：49.

扩大对各方都有利；对他人的侵害产生负利空间，在这个空间内互利将转化为互害，对各方都不利。所以，对于社会分裂而言，互利机制是一个有效的和可持久的解决方案。

5.5.3 如何互利

互利作为自主的实现机制，本身需要具有可操作性。这是一个系统工程，关键在于以下几点。

第一，治权保留。共同体成员因具有量化和具体的政治产权也就是公权利，而得以亲自行使治权。当然，因其行为能力以及兴趣、精力，也可委托他人行使，但可随时取消委托。

第二，享有广泛的动议权。动议权是要求制定法律、政策或采取某项行动的权力。凡具有政治行为能力的人，都享有动议权，并据此反映诉求。但一项动议需要符合预设条件，才能提案，以避免就无谓之事浪费公共资源。

第三，提案双重否定表决制。某项动议符合设定条件，进入提案程序。提案部门立场中立，并根据各方面诉求提出一个或数个互利解决方案。将方案提交全民或一定范围内的民众进行否定性表决，若反对者没有超过三分之一，则由分设的裁决部门和评估机构在若干可选方案中选择最符合互利原则的一项。裁决机构的选择与评估机构的选择不一致的，裁决机构要公开陈述理由，并允许再次进行否定性表决。这种双重否定表决制，既可以避免提案超越某一个利益集团的公平底线，又可以避免某个利益群体的自私偏见。

第四，立法、行政、司法、国防、外交等共同体职能平台化。建立职业资格制度，设立公务人员库，并根据一定算法抽取具有资格的人员承担某项具体职能。由此确保每一个共同体成员都可以亲自行使治权，但又不影响某项工作的专业化水准。同时，一个人因其禀赋不同，可以加入到不同的公务平台当中，实现个人政治生命的丰富多彩。

第五，实行选票加权制。为强化公共精神、提高决策智慧，改变一票一权的平等选票制的传统做法，对禀赋、专业水平、诚信记录、违法情况、纳税情况、慈善与义工情况等进行正向加权或者负向加权处理，并进行动态调整。

VI

6　算法行政

一般认为，法治的核心是法律的统治。但Facebook创始人扎克伯格提醒我们，人类正在进入“算法”而不是法律统治人的时代。所谓算法，即一个定义明确的计算过程，可以一些值或一组值作为输入并产生一些值或一组值作为输出。因此算法就是将输入转为输出的一系列计算步骤。美国斯坦福大学法学院教授劳伦斯·莱斯格提出，在网络时代，“代码即法律”[①]。算法是智能系统运行的核心要素，决定智能工具的运行逻辑与效率。

顺应智能工具时代的变化，未来的行政，也将逐渐把掌控权交给算法。行政法的根本问题，也将从如何通过法律控制行政转变为如何通过算法改良行政。

6.1 算法行政是依法行政在智能时代的表现形式

6.1.1 行政法学理论基础的研究现状

行政法学的理论基础，指的是紧紧围绕行政法关系中最本质

① 莱斯格.代码2.0：网络空间中的法律［M］.李旭，沈伟伟，译.北京：清华大学出版社，2009：140.

的关系，回答为什么需要行政法以及需要一个什么样的行政法这两个根本问题，并形成内在统一的理论体系，用来指导行政法学发展、促进行政法律实践的理论。在我国行政法学界，行政法理论基础问题的主流派别为管理论①、控权论与平衡论，此外还有公共权力论、服务论、新控权论、和谐论、政法法治论、公共利益本位论、控权—平衡论、职责本位论、保障论、双保障论、法律导控论、控权—服务论、新服务论、协调论等。学术贵在论争，林林总总的各派理论，是中国行政法实实在在的“本土资源”，是中国行政法学发展历程中最为璀璨的理论明珠。当然，若求同存异，各门各派一般都认为，行政法学领域的核心问题是权利与权力的关系，以及在此基础上所产生的行政与法律的关系。这与法学界认为的权利与义务的关系问题是核心问题的一般看法并不相同，而恰恰是这种相异性体现了行政法这门学科的独特性所在。

6.1.2 从依法行政到算法行政

行政法的定义模式，可以分为功能模式、对象模式、综合模

① 管理论认为行政法“作为一种概念范畴，就是管理法，更确切地说，就是国家管理法”。国家行政机关是管理主体，行政管理相对人是行政机关的管理对象，是客体，不能成为与其平等的行政法主体。“管理主体对管理对象的这种影响（是指影响人们行为的社会管理的一种形式）是借助于行政法规范来实现的。”参见罗豪才.行政法论丛：第1卷［M］.北京：法律出版社，1998：24.其强调国家行政的管理与被管理、命令与服从、指挥与执行，行政法因此也被称为管理法。高秦伟.控权、管理抑或平衡：中国行政法理论基础之争［M］//马怀德.共和国六十年法学论争实录：行政法卷.厦门：厦门大学出版社，2009：150.

式，但是功能模式不足以定义行政法，对象模式具有难以克服的局限性，行政法的定义宜采用关系模式，即“行政法是调整公共行政关系的法律规范的总和”。鉴于此，行政法制分为以法行政、依法行政和法治行政三种类型。①依法行政是包括中国在内的各个国家行政法律体系的理论基础。所谓依法行政，即“依照法律的规定推行公共政策、实施行政管理”②。

进入智能工具时代之后，政府事务逐渐被“算法”所主宰。纽约由于人口众多、鱼龙混杂，曾经是一个臭名昭著的犯罪之都。在20世纪70年代，纽约城里黑帮横行、毒品泛滥，治安情况日益严峻。据统计，在1990年，纽约市出现了2245件凶杀案，每天有6人死于非命；发生了147123件盗车案，平均每小时有16辆车不翼而飞。1994年纽约市警察部门启用了一个名为“CompStat”的新治安信息管理系统，工作人员每天向全纽约各个警区收集数据，并进行加总分析，根据结果预测犯罪行为发生的时间地点，提前布置警力。这个方法让纽约的犯罪率应声而降，并让纽约成为美国最安全的大城市之一。随着时间的推移，人们意识到，这种方法不仅对治安管理行之有效，还可以推广到其他领域。③中国在智慧政府建设过程中，也把智能行政作为核心议题，通过收集数据、设计“算法”进而安排行政活动。2017年，国务院发布《新一代人工智能发展规划》，提出要“开发适

① 江必新.行政法制的基本类型［M］.北京：北京大学出版社，2005：1–19.

② 江必新.行政法制的基本类型［M］.北京：北京大学出版社，2005：79.

③ 涂子沛.大数据［M］.桂林：广西师范大学出版社，2012：77–82.

于政府服务与决策的人工智能平台，研制面向开放环境的决策引擎，在复杂社会问题研判、政策评估、风险预警、应急处置等重大战略决策方面推广应用。加强政务信息资源整合和公共需求精准预测，畅通政府与公众的交互渠道”。可以预见，不管在哪个国家，政府行政都将更多地应用各种各样的“算法”，相应地，这些“算法”会产生广泛而深远的影响。

以交通管理为例，尤瓦尔·赫拉利教授在《未来简史》中描述了这样一种情况：Waze是一个GPS导航应用程序，用来告知驾车人如何以最快的方式到达目的地。假设由于Waze太好用了，所有的人都在用。某天，一号公路大堵车，二号公路行驶顺畅。如果Waze如实告知所有的人二号公路行驶顺畅，人们就会一股脑奔向二号公路，最终会导致二号公路也堵上了。这时Waze为“大局”考虑，它可能只告诉一部分驾驶人二号公路顺畅，这样一号公路的堵车压力会减轻，又不至于让二号公路也完全堵上。这种管理方式，就是“算法”在起作用。

通过这个例子我们能够发现，“算法”对社会中的每一个人是如此重要，但目前的“算法”除了掌握在国家机关以外，更多地被技术性公司所占据，而公司在理论上是“经济人”，并不为公共利益服务。其自利性、偏私性决定了必须通过法治对其进行规范。正如李彦宏在其《智能革命》一书里提到的：“也许真要靠算法的顶层设计来防止消极后果。人工智能技术可能不只是理工科专业人士的领域，法律人士以及其他治理者也需要学习人工智能知识，这对法律人士和其他治理者提出了技术要求。法治管理需要嵌入生产环节，比如对算法处理的数据或生产性资源进行管理，防止造成消极后果。”未来之行政法，需要对算法进行顶层规制和法治管理，使算法不损害个人权益和社会公共利益，并且使依照算法进行的行政符合行政目的。可以预见，算法的法治化，将是未来行政法的核心议题。

6.1.3 算法行政的实现要求规则前移

依法行政和依算法行政的区别，是全方位的。但最显著的在于，算法是明确的、确定的和重复性使用的。而法律则常常具有模糊性、不确定性和事后性。以法哲学领域经常讨论的“电车难题”为例，假设一辆有轨电车失去控制，司机看见前方的轨道上有五个人，如果直行这五个人必然会被撞死。当然司机也可以将电车转向，开到另一条岔道上，这样只会撞死一个人。那么司机是否应当把电车开到人少的轨道上，撞死一个人，而不是五个人？[①]这个难题总体上属于思想实验的范畴，可以拒绝回答；但“定时炸弹难题”则是“9·11”事件后不少国家都不得不直接面对的问题，即是否能够通过酷刑从有嫌疑的恐怖分子口中获取情报。在传统行政法的视野中，这些问题是没有结论的，或者人们在这种两难情况下不愿意作出一个明确的选择，采取一种遇到问题再说的策略。

然而，因应智慧国家及由法治国所带来的变化，人们会发

① 卡思卡特.电车难题［M］.朱沉之，译.北京：北京大学出版社，2014：3-4.

现，将规则提前明确是必需的。一辆无人驾驶的电车，在遇到上述难题时如何选择，需要提前设定规则。不设置相应规则，把命运完全交给机器，这是人类所无法忍受和承担的。提前明确规则，就是所谓的“规则前移”。

6.2 算法行政引起行政领域的生态性变革

6.2.1 国家利维坦2.0版的诞生

在近现代政治法律理论上，国家被视作强大的“利维坦”。这个隐喻表达了人们对国家强大力量的忧虑和提防。在智能工具时代，尽管人机共生强化了个人的能力，但国家“利维坦”也相应升级，出现了无所不能、令人不寒而栗的2.0版。历史学家黄仁宇指出：“资本主义社会，是一种现代化的社会，它能够将整个社会以数目字管理。”[①] 在2010年，美国联邦政府已经拥有2094所专门用来负责各类数据的存储和维护的数据中心。业务工作的管理数据，民意社情的调查数据，以及对大自然、动植物的特点和变化进行监控产生的环境数据，是美国联邦政府的三大数据来源。2011年美国通过电话监控发现了本·拉登的行踪，并将其击毙于巴基斯坦境内。据说，美国国家安全局对全美的电话进行监控，所收集的数据量是惊人的，它每6小时产生的数据量就相

① 黄仁宇.我对“资本主义”的认识［M］.转引自涂子沛.大数据［M］.桂林：广西师范大学出版社，2012：14.

当于美国国会图书馆所有印刷体藏书的信息总量。①美国国家安全与情报系统的前雇员斯诺登，在2013年向世界公开了美国及其盟国长期运行的诸多秘密监听项目。大数据和超级计算通过对国家治理数据的交换、整合和分析，预测得更准，计算得更加精确，实现了精准化国家治理，也造就了空前强大的国家利维坦和政府权力。传统的自由主义理论及实践，在国家利维坦2.0版出现后必将岌岌可危。

6.2.2 智能科技公司成为权力主体

智能科技公司通过技术优势掌握了比政府更多的信息，并承担了一些原来应由政府承担的职能，也改变了其在政治共同体中的法律地位。本应当作为政府监管和服务对象的企业成为政府的合作伙伴，甚至是很多领域公共事务的实际控制者。在美国，Facebook公司“不仅早就知道千万美国人的政治观点，还知道哪些人是关键的摇摆选民以及他们的倾向。脸谱网会知道，共和党和民主党在俄克拉荷马州的选情特别胶着，还有32417位选民尚未下定决心，甚至也知道每位候选人该说什么，才能让天平倒向自己这边”②。Facebook公司之所以掌握这些信息，是每个人亲手奉上的，对价是为这些用户提供免费的电子邮箱服务或者有趣的视频。而包括中国在内的不少国家正在开展的

① 涂子沛.大数据［M］.桂林：广西师范大学出版社，2012：38.

② 赫拉利.未来简史［M］.林俊宏，译.北京：中信出版社，2017：308.

智慧城市、智慧政务、智慧法庭的建设，进一步强化了这类公司的公共地位。智能工具公司尽管不是国家机关，但事实上分享了国家权力。传统法学认为，权力必须加以规制，才能服务于国家和社会，但其体系是围绕国家机关和公共组织的权力构建的。对公司通过技术手段事实上获得的权力地位如何规制，超出了传统法学的边界，新时代公法学必须直面和研究这一新课题。

6.2.3 行政权的“前置化”和“后台化”

传统意义上的行政权具有“前台性”，行政主体直接与行政相对人接触，呈现出物理性、现场性、强制性、直接性等特征。同时，传统意义上的行政权具有一定的“后置性”，如果管理对象没有违法行为，一般不进行先期干预。在智能时代，行政权逐渐从“前台”走向“后台”，从“后置”走向“前置”。

行政权的“后台化”，指的是行政权从直接面对和强制作用于行政相对人转变为后台行政。以交通违章处罚为例，在很多地方，交通执法部门已经主要依靠“电子警察”记录和认定机动车的违章行为，并且通过通信系统自动推送到违章人手机或邮件中。车主没有异议，可以通过电子支付方式直接缴纳罚款。整个过程是见不到交通警察的。这是一个新趋势。另外，是否可以赋予“电子警察”执法主体资格呢，其是否属于传统行政法所说的“行政机关的工作人员”，这也是需要重视的问题。还有些行政部门，形成“前台服务后台管理”的模式，其强制性、暴力性的色彩也日渐淡化，这也是“后台化”的一种形态。

行政权的“前置化”，指的是行政作为环节的前置。传统行政一般是在行政相对人出现违法行为或者有违法嫌疑的情况下，才主动作为。而在智能时代，算法行政要求行政主体必须“提前行动”。“前置化”的行政权可以以“行政指引”的方式进行。“行政指引”类似于现在人们广泛使用的交通导航。行政相对人的智能手机或者电脑中有相应的App（应用程序），输入任务后，App给出相应的行政指引。行政相对人当然可以不按照App的意见行事，但随着多次验证、多人验证后发现遵循行政指引是最佳策略后，这种App就会在事实上发挥导引行为的作用。而于此状态之下，人们对行政权的服从，就从被迫的服从转变为自愿的服从。

6.2.4 行政法主体行为的全透明化

沃茨博士在2007年提出，得益于计算机技术和海量数据库的发展，个人在真实世界的活动得到了前所未有的记录，这种记录的粒度很高，频度在不断提升，为社会科学的定量分析提供了极为丰富的数据。[①]由中宣部和中央电视台制作的纪录片《辉煌中国》，在第5集中向我们展示了中国“天网工程”的成果，政府在交通要道、治安卡口等公众聚集的复杂场所设立的视频镜头超过2000万个，“中国已经建成世界上最大的视频监控网”，“利

① 涂子沛.大数据［M］.桂林：广西师范大学出版社，2012：57.

用人工智能和大数据进行警务预测，在中国不仅全面普及，而且水平位居世界前列”。当今世界的每一个人，已经能真切感觉到无时无刻不置身于监控镜头的聚光灯下，而且这种趋势还在加速推进，直到每一个人演变成为透明人。可以预见，在不久的将来，隐私将变得极其脆弱，在法律上会更加关注对隐私权的保护，但保护的方式主要是通过加密技术设置不同的读取权限来实现。

在国家利维坦2.0版出现、智能科技公司攫取权力地位以及每一个人成为透明人之后，出于正当性的考量，行政法主体的另一方，也就是政府一方只有确保自己也是透明的，而且是全透明的，才能得以存在。这是因为，当一个政府拥有危及公众和个人的强大能力时，必须通过公开透明的操作确保社会的安心和信任，这是未来社会中政府值得信任的基础。

行政法主体行为全透明的基本要求包括四个方面：一是全部节点的透明性，数据记录和运行规则可以被全网点审查与跟踪。二是全部数据的开放性，除了数据直接相关各方的私有信息被加密，政府行为的全部数据对所有人开放，当然会根据国家安全和公共利益的需要设置相应的查阅权限。三是全部信息的不可篡改性，政府行为以数据的形式被记录后，就会得到永久储存并且无法更改。四是全部问题的可追溯性，在需要的时候，可以对数据进行查验以明确问题所在。

实现行政法主体行为的全透明化，要求打破“算法黑箱”。截至目前，通过智能工具作出决策的可解释性仍然是一个全球性难题。通行的解释是，目前智能工具所依赖的深度学习等底层技术并不遵循传统上数据输入、特征提取、特征选择、逻辑推理、预测的过程，而是由计算机直接从事物原始特征出发，自动学习和生成高级的认知结果，很难为一般人所理解，甚至也难为专业人士所理解。因此，尽管不少国家或地区（比如欧盟）对算法提出一定程度上的可解释性要求，但实际上，很多时候，就连最初的算法设计者也无法预测和解释后续的“算法黑箱”问题。此外，算法的设计者往往将其视为核心机密，担心公开会造成滥用或者恶意利用。针对这个问题，需要研究建立算法监管制度，具体包括：第一，对算法决策作出规定，比如借鉴欧盟《通用数据保护条例》（GDPR）解释性指南中的做法，明确对完全自动化决策施行“一般性禁止”。第二，设定算法解释的法律义务或明确算法解释请求权，保障算法的可解释性，使受影响的主体有机会了解算法设计的原理。第三，合理选择算法模式，对于有人干预、有人监督、无人监督几种自动化决策模式设定应用标准。第四，防范算法设计缺陷，在算法设计阶段明确要求采取必要的安全措施，确保算法设计能够稳定、准确地实现其合法目的。第五，进行算法认证，以检验算法是否能够实现预设目标。第六，为用户提供算法检验通道，获取其对算法的信任。第七，对设计阶段进行约束，当代码设计和应用模式、用户协议紧密结合在一起时，即使事后无法审查代码，也可以通过审查应用模式的合法性和用户协议的效力进行间接约束。第八，制定算法设计过程的伦理规则、安全性审查标准，设立针对代码的备案制等对算法本身进行管控。第九，建立算法问责机制，按照使用规模、涉及范围、所涉及公共利益等因素明确算法问责的标准。

6.2.5 行政争议有望减少乃至消除

与经济争议减少会降低交易成本从而带来经济繁荣一样，行政争议的减少将带来政治和法律上极大的繁荣，缔造崭新的政治文明。行政争议的减少是通过三个方面实现的：第一，规则前移。规则前移要求明确规则，这是对未来法律的一个极大挑战。传统条件下，法律规则具有一定的模糊性、不确定性、裁量性，但这种情况已经与未来法治状态不相适应，随着法律规则通过代码表达时代的到来，随着社会物理学的大发展和深度应用，法律规则的确定性程度将极大提高，法治将变得与物理学和数学一样精准。第二，行政法主体的全透明性。争议的产生不外乎法律和事实两个方面。法律方面的问题可以通过规则前移解决，事实方面的问题可以通过全透明性解决。在全透明条件下，事实一清二楚、一目了然，举证都将变得多余。第三，争议结果的提前推送。当争议已经出现的时候，向当事人各方提供类型化、结构化和精准化的争议处置结果，当然这是参考性的，没有法律效力，各方主体完全可以不理睬而继续采取诉讼、仲裁、复议等各种法律手段。但随着人们日渐发现，最终结果与参考结果基本上是一致的，理性的当事人就会径直根据参考结果达成纠纷解决方案，不再需要通过国家机关，而自动将纠纷消除于无形，“天下无讼”可以梦想成真。

6.3 算法行政的三项内容

在万联网和智能工具所打造的数据共同体生态之中，在人机合一条件下，行政法律内容中的管理、服务、控权将发生显著的变化，成为新管理、新服务、新控权。

6.3.1 新管理

管理是行政法的基本内容，是政府的基本职责。在人机合体条件下，管理模式将发生根本性变革。

第一，建立政务主题数据库。随着智能工具大规模的普及应用，人类社会的数字化进程正在加速，并逐渐形成社会数字化、数据社会化的良性状态。一个人在一天当中走过的步数、生活的轨迹、工作和休息的时间、说过的话、见过的人、看过的书、点过的赞、与谁互动、浏览了哪些商品、对哪些话题感兴趣……每个人的工作、生活、社交、教育、运动等各方面的行为都在越来越频繁、普遍、精确地数据化。这为建立政务主题数据库提供了条件。政务主题数据库是智慧管理的基础性工程。在信息资源规划的基础上，建立实有人口、房屋等管理信息数据库，水、电、油、气、热等公共服务信息数据库，社保参保、银行卡、物流寄递等社会信息数据库等主题数据库。同时以统一的数据标准和规范实现各主题数据库的无障碍对接以及自动关联分析，从而通过数据抽取、数据挖掘、数据分析生成有价值的可应用信息，建立“用数据说话、用数据决策、用数据管理、用数据创新”的管理机制，实现基于数据的科学决策，推动政府管理理念和社会治理模式进步。

第二，实现智能管理。通过智能科技感知、预测、预警行政管理事项的发展态势，提前把握行政管理客体的认知与心理变化，在此基础上进行部署应对，将显著提高行政管理的智能化水平。美国加州大学通过分析洛杉矶市过去1300多万件案件，找到了各个居民小区发案与时间、天气、交通状况以及其他事件的关系，建立了犯罪预测平台，并据此提前向警察发出巡逻指令。经过实践，这个系统已经使该地区财产犯罪率和盗窃案件发生率分别下降12%和26%。①中国的公安机关正在打造“天网”“天算”“天智”系统，“致力于实现对不断变化的社会动态有更加客观、准确、超前的把握，对各类风险敏锐感知、及时预警、主动防控，努力把未知变为可知、难测变为可测、失控变为可控”②。而在交通管理领域，北京每天超过1000万人次选择公共交通出行，对这些数据进行采集和挖掘，能够掌握市民流向，并可以据此改进交通线路。同时利用马路上的埋地线圈和路口的摄像头，甚至利用驾车人和乘车人的手机位置信息，可判断机动车流量和实际通行速度，及时疏通交通拥堵。

第三，寓管理于服务当中。智能时代，每个人都是智能的受益者，也是智能的贡献者。大数据、信息化为实现前台服务、后台管理提供了可能。通过对前台服务获取的海量数据进行分析、处理，及时发现、有效防控各类风险隐患，提高后台管理能力。

第四，降低社会成本。运用区块链等智能技术建立新型社会信用体系，最大限度地降低人际交往成本和风险。

① 邬贺铨.大数据思维［J］.科学与社会，2014（1）.

② 所引用内容为新闻媒体对2017年7月10日全国司法体制改革推进会公开报道的内容，详见http://news.sina.com.cn/o/2017-07-11/doc-ifyhvyie1102639.shtml，访问时间为2023年2月1日。

第五，实现共治与善治。运用“智能+”手段，创新社会组织动员形式，调动企事业单位、社会组织、人民群众参与社会治理的积极性，形成政府和社会各归其位、各担其责的共治与善治局面。

6.3.2 新服务

行政的根本目的在于服务，而服务在个体层面体现在公权利上。在质的层面，各国宪法和法律广泛承认公权利；但各种公权利在量的层面，存在严重不足，有些甚至微弱至零状态。有鉴于此，公权利增量改革，对于各国法治实践而言，都非常重要。人机合体解放了公权利的约束条件，它通过揭示传统技术方式难以展现的关联关系，提高政府的数据分析能力和智能化水平，为有效处理复杂社会问题提供相适应的手段，能够极大地增强公权利的发展水平。

第一，个性化服务成为可能。在一国之内，民众数量众多而需求又具有明显的差异化，通过传统的人工方式是不可能实现个性化服务的。但是，借助在大数据基础上的智能工具，可以为每一位公民个体建立全面的数据档案库，从而满足其个性化需求。

第二，精准化服务成为可能。智能工具在教育、医疗、养老、环境保护、城市运行、司法服务等领域广泛应用，将提高公共服务精准化水平，从而极大地提升人民生活品质。

第三，全面化服务成为可能。打造无时不有、无处不在的全智能化环境，发展智能教育、智能医疗、智能健康、智能养老，精准化个性化智能服务更加丰富多样，让人们能够最大限度地享受高质量服务和便捷生活。

第四，便捷化服务成为可能。创新公共服务方式，把公共服务领域产生的数据与智能工具进行深度融合，将线下服务扩展到网上提供，将跨地域服务扩展到当地提供，让人们在家门口、手掌中就能办成事、办好事。人们只需提供服务的请求，而不用管服务的实现方法、技术和流程，便可直接得到服务的结果。[①]

第五，即时性服务成为可能。智能工具具有即时反应、更加高效的特点，从而让服务更具时效性。比如在新冠病毒感染疫情防控方面，基于传染病流行的传播规律及海量实时数据，智能工具可以运用机器学习手段，发挥疫情预警作用。此外，政府职能部门也可以通过智能搜索及时掌握舆情动态，分析公众关心焦点，有针对性地发布相关信息。智能工具还可以帮助识别可信赖的新闻消息，识别谣言并发布真实消息进行辟谣，稳定社会焦虑情绪。

第六，对美好生活需要的满足成为可能。美好生活需要包括但不限于物质文化需要。满足人民群众的美好生活需要对政府履行公共服务等职能提出了更高的要求。在人机合体的条件下，以打造服务型政府为契机，在公共事业、生态环境、城市管理、文化教育、医疗健康、应急管理、减灾救灾、社会救助、社会保障、劳动就业、社区服务等各个领域全面提高智能化水平，准确把握民众需求，统筹公共资源，不断拓展服务范围，提升服务品质，提高服务效能，更好地满足人民日益增长的美好生活需要。

---

① 云计算的服务模式包括将软件作为服务、将平台作为服务和将基础设施作为服务等模式。参见王克照.智慧政府之路：大数据、云计算、物联网架构应用［M］.北京：清华大学出版社，2014：34.

6.3.3 新控权

行政法是保障个人自由、控制行政机关权力的法。美国学者理查德·B.斯图尔特对此指出："历史上，行政法的根本前提始终是限制政府权力以保护私人自治。"[①]一般而言，控权是通过监督、制约、公开、复议、诉讼、舆论等方式实现的，但是正如本书在"由法治国"一章中所揭示的，由于缺少一个无时无刻不在进行监控的"上帝"、"神明"或者"悬顶之剑"[②]，权力在理论和制度上都是无法控制得住的，即便是作为很多发展中国家"西天取经"对象的美国，一样存在比较严重的权力滥用和贪污腐败问题。[③]而这种情况，在人机合体条件下将发生根本性变革。

我们知道，人机合体意味着人的任何活动都被智能机器所记录，而且智能机器收集、整合了所有待决事项的信息并提供了处理方案，这不就等于那个我们苦苦追寻而不可得的"全能上帝"吗？运用智能工具所提供的处理方案以及具有的可视化、可检验、全覆盖、全留痕等优势，对立法、执法、司法流程进行科学

---

① 斯图尔特.美国行政法的重构［M］.沈岿，译.北京：商务印书馆，2002：196.

② 悬顶之剑，常被称为达摩克利斯剑，典出于古希腊的一个关于迪奥尼修斯王及大臣达摩克利斯的历史故事。达摩克利斯羡慕国王的权力，迪奥尼修斯王满足了其体验一下当国王感觉的愿望。但在王座上的达摩克利斯看见王座上方悬着一柄长剑，而且只用一根马鬃连着，随时要掉下来，吓得他连忙逃跑。后人以达摩克利斯剑比喻王权时刻面临的危险。

③ 根据美国司法部提供的一份统计报告，在1985年至2004年间，美国共有17945名公职人员受到腐败指控，年均897人。参见张宇燕，富景筠.当代美国的腐败：数据、案例与机理［J］.国际经济评论，2006（6）.

再造，健全科学分工、相互配合、相互制约的权力配置和运行体制机制，在执法者与其权力之间构建配合紧密、制约有效的新型关系。对于是否采纳智能机器提供的处理方案，都要提供相应理由，并予以公开，实现人脑与电脑合体，执法与阳光结合。这就是人机合体条件下的新控权。

新控权之下的政府，不仅是透明政府，而且是全透明政府。除非危及国家核心利益，包括决策的参与人以及各自意见等内容均一体公开，彻底铲除暗箱的空间。在法治实践中，执法记录仪、智慧政务平台等都已经普遍应用，网上立案、办案、执行和线上办公已经实现，在数据上实时统计、实时更新并且互联互通，电子卷宗、法律文书自动生成。在我国法院系统中，庭审语音识别系统方便当事人和办案法官，提升了审判效率；审判流程公开、庭审活动公开、裁判文书公开、执行信息公开四大平台强化了审判工作透明度，实现对审判、执行工作全程监督、全程留痕，促进司法廉洁。①上海法院建立了大数据办案辅助系统、诉讼服务系统、司法公开系统、分析系统。江苏等地通过开发案件管理机器人，实现了对执法司法工作中违规操作、廉政风险自动提供、预警，取得了较好效果。而在英国，法院系统不仅大量应用IT技术，还通过颠覆性技术变革改变业务模式，建立线上法院。新加坡广泛开展电子诉讼服务，最为重要的是远程服务和电子化服务。实践证明，这种人机互控的方式，比传统方式更

① 有关资料来源于媒体对2016年11月时任最高人民法院院长周强在第三届互联网大会智慧法院暨网络法治论坛上发言的介绍。

有效。

当然，在实践中，算法领域已经暴露出算法歧视、算法垄断、算法短视等一系列问题，这是通过算法进行社会治理的障碍，需要对算法设计、算法公开、算法解释、算法责任等进行针对性改进和持续性优化。

VII

7　数字经济

7.1 数字经济是与智能时代相适应的新型经济形态

7.1.1 数字经济蓬勃发展

数字经济是以使用数字化的知识和信息为关键生产要素、以现代信息网络为重要载体、以信息通信技术的有效使用为效率提升和经济结构优化的重要推动力的一系列经济活动。互联网、云计算、大数据与其他新的数字技术应用于信息的采集、存储、分析和共享过程中，改变了社会互动方式。数字化、网络化、智能化的信息通信技术使现代经济活动更加灵活、敏捷、智慧。随着新一轮科技革命和产业变革深入发展，数字技术创新活跃，数据作为关键生产要素的价值日益凸显，深入渗透到经济社会各领域全过程，数字化转型深入推进，传统产业加速朝智能化、绿色化、融合化方向转型升级，新产业、新业态蓬勃发展，推动生产方式、生活方式发生深刻变化，数字经济成为重组全球要素资源、重塑全球经济结构、改变全球竞争格局的关键力量。

世界主要国家都在加紧布局数字经济发展，制定战略规划、加大研发投入，力图打造未来竞争新优势。目前，全球数字经济发展基本呈现美国、欧盟、中国三足鼎立格局。美国自20世纪90年代就开始布局数字经济，聚焦云计算、大数据、先进制造、5G、量子通信、人工智能等前沿领域，取得了先发技术、产业、人才等优势，奠定了其数字经济和数字贸易大国的地位。目前美国数字经济规模位居全球第一，2020年达到13.6万亿美元，占其GDP的65%。[①]欧洲的特点是不同国家发展很不平衡，其中德国、英国是佼佼者，数字经济占GDP比重均已超过60%。[②]德国的产业数字化程度非常高，超过了90%，位列全球第一。

近年来，我国深入实施网络强国战略、国家大数据战略，先后印发数字经济发展战略、“十四五”数字经济发展规划，加快推进数字产业化和产业数字化，取得了显著成效。依据国家网信办2022年8月发布的《数字中国发展报告（2021）》，近年来，数字中国建设在创新实践中迈出坚实步伐，在砥砺奋进中取得显著成就。具体体现在：建成全球规模最大、技术领先的网络基础设施；数据资源价值加快释放；数字技术创新能力快速提升；数字经济发展规模全球领先；数字政府治理服务效能显著增强；数字社会服务更加普惠便捷；数字化发展治理取得明显成效；数字安全保障能力大幅提升；数字领域国际合作稳步拓展。目前数字经

① 前瞻经济学人. 2022年“中美日”数字经济实力较量 中国增速持续领跑［EB/OL］.［2023-02-18］. https://baijiahao.baidu.com/s?id=1728064678591168421&wfr=spider&for=pc.

② 符颖.《全球数字经济新图景（2020年）》发布 全球数字经济占GDP比重达到41.5%［EB/OL］.［2023-02-18］. https://www.cnii.com.cn/rmydb/202010/t20201020_224198.html.

济总体规模连续多年位居世界第二，对经济社会发展的引领性支撑作用日益明显。

7.1.2 数字经济发展面临瓶颈

虽然全球数字经济发展形势向好，取得了显著成效，深刻改变了人们的生产生活方式，但我国面临的瓶颈性问题也非常明显。

一是关键核心技术创新能力有限。数字经济的关键核心技术在于操作系统、工业软件、高端芯片、基础材料等领域，需要较强的原始创新能力。在这个领域，美国处于领先地位。我国的突出优势在于数字经济商业模式和数据应用，但是在关键核心技术和关键零部件供应上受制于人。

二是发展不平衡问题比较突出。根据《全球数字经济竞争力发展报告（2020）》，2019年美、中两国占据了全球70个大型数字平台市值的90%，美国的微软、苹果、亚马逊、谷歌和脸书，以及我国的腾讯和阿里巴巴等占据了全球数字经济市场总值的三分之二。根据联合国贸易和发展会议发布的《2019年数字经济报告》，发达国家互联网普及度约为80%，而部分不发达国家和地区仅有20%人口使用互联网，非洲和拉丁美洲拥有的数据中心仅占全球的5%。在我国，数字经济发展的区域性差距仍然较大，2021年东部地区数字经济规模是中部的3.5倍，是西部的3.7倍，超过同期GDP的差距。

三是结构性问题比较明显。关于我国数字经济，娱乐和消费领域处于领先地位，但产业互联网发展不足，存在较大的数字鸿沟。在发达国家，制造业数字化渗透率平均为33%左右，我国在这个方面约为20%，仍有不小的差距。企业的数字化转型比例，欧洲为46%，美国为54%，而我国仅为25%。[①]

四是数据要素基础制度和市场体系仍不健全。数据是数字经济的核心生产要素，但数据的所有权、使用权、收益权等权属制度并未建立，数据确权共识尚未形成。数据的价值判定和评估缺乏规范，定价机制还不成熟，数据要素价值难以有效反映。公共数据、工业数据、互联网数据等领域“数据壁垒”“数据孤岛”“数据鸿沟”现象突出，不同行业、不同区域、不同群体的数字化基础不同，发展差异明显，数据交易流通不畅。

五是数字经济治理存在短板。多头管理、条块分割的监管模式难以适应数字经济跨地区、跨行业、跨层级的特点。数字技术和商业模式的创新给反垄断和反不正当竞争带来新挑战，损害消费者和劳动者合法权益、税收侵蚀等行为时有发生。数据安全事件频发，数字经济安全风险加大。

7.2 发展数字经济是中国式现代化的核心议题和必由之路

党的二十大擘画了以中国式现代化全面推进中华民族伟大复

① 国家发展改革委：企业数字化转型与新数字化经济时代［EB/OL］.（2020-04-15）［2023-02-12］. https://baijiahao.baidu.com/s?id=1664026874859000837&wfr=spider&for=pc.

兴的使命任务，作出了加快构建新发展格局，推动高质量发展的重要部署，对推进数字技术创新、深化数字化转型、建设数字中国提出了更高要求。我国网民数量、数据资源、数字化应用场景全球领先，人民日益增长的美好生活需要催生更大规模、更加多元的内需市场，为数字经济发展创造了无限空间。但同时，我国数字经济发展的外部环境正在深刻变革，个别国家为了维护自身科技垄断和霸权地位，遏制打压我国数字技术和数字产业创新发展。在这种情况下，我们更要保持定力，坚定不移地大力发展数字经济。

7.2.1 强化顶层设计

顶层设计是数字经济发展的“四梁八柱”，至关重要，也是我国的体制优势。顶层设计要统筹国内和国际、发展和安全，坚持科技自立自强，以数据为关键要素，以推动数字技术与实体经济深度融合为主线，以协调推进数字产业化和产业数字化，赋能传统产业转型升级为重点，以加强数字基础设施建设为基础，以完善数字经济治理体系为保障，不断做强做优做大我国数字经济。要有时间表和路线图，时间表可以分列2025年、2035年和2050年的目标，路线图需明确做强做优做大的具体方式。

7.2.2 攻关关键核心技术和前沿技术

关键核心技术是数字经济发展的命脉。2021年度MIT Technology Review评选出来的“十大突破性技术”为：mRNA疫苗、生成式预训练模型、数据信托、锂金属电池、“数字接触追踪”技术、超高精度定位、远程技术、多技能型人工智能、TikTok推荐算法和绿色氢能。这十项技术大多与数字经济直接相关。数字经济公司研发和创新形成的新技术不仅带来数字产业化的飞速发展，还带动整个社会的产业数字化，实现人类社会数字化、智能化加速前行。要通过加强关键核心数字技术攻关，实现数字经济产业链供应链自主可控，聚焦高端芯片、工业软件、先进工艺、核心部件等关键领域以及6G、人工智能、量子信息、神经芯片等前沿技术集中攻关。尤其注重提高原始创新能力。

7.2.3 扎实推进数字基础设施建设

数字基础设施是数字经济发展的根基。这里的数字基础设施，也就是“新基建”。要引导基础电信企业适度超前部署5G基站建设，加快推动卫星互联网建设发展。高效有序推进“东数西算”工程，促进数字经济空间合理布局。利用信息技术对传统基础设施进行智能化改造，提高交通、能源、民生等基础设施数字化水平，加快5G融合应用。完善通用型、特色型和行业型工业互联网平台。

7.2.4 打造具有国际竞争力的数字产业体系

不断培养壮大云计算、大数据、区块链、工业软件等相关数字产业，探索建设中国特色的开源生态。推动数字产业集群化发展，高质量建设中国软件基地，打造世界级数字经济产业集群。

聚焦集成电路、新型显示、通信设备、智能硬件、人工智能等新兴产业，培育具有产业链控制能力的企业。

7.2.5 推动数字技术内嵌于实体经济

用好互联网、大数据等数字技术和数据要素，就能有效破解制约经济转型的瓶颈问题，培育新的增长点、赋能传统产业、提高全要素生产率。数据要素具有非竞争性、非排他性、低复制成本等特点和渗透性强、规模报酬递增等特征，能有效驱动劳动、资本、技术、管理等其他生产要素网络化共享、集约化整合、协作化开发和高效化利用，推动传统产业转型升级。通过对数据的深度利用，扩展经济发展边界，带动产业共生耦合，催生数字经济新产业、新业态、新模式，成为新的增长引擎。因此要高度重视数字技术与实体经济的深度融合，进一步发挥数字经济在高质量发展中的重要引擎作用。要发展智慧农业、智能制造，鼓励订单农业、供应链金融、商贸物流等一、二、三产业融通新模式。推动制造、能源、医疗等重点行业数字化升级，在产业链重点节点形成一批专精特新“小巨人”企业。培育转型支撑服务生态，布局数字化转型促进中心。加快深化产业数字化转型，释放数字对经济发展的放大、叠加、倍增作用。

7.2.6 完善数字经济治理体系

依辩证思维，凡事兴其利除其弊。数字经济创造了新的机遇，也带来了不小的挑战。在竞争与创新方面，平台经济具有网络效应和规模效应，促进了市场竞争和产业转型，但在取得竞争优势后也可能利用其市场影响力阻碍竞争、遏制竞争，还可能侵害消费者和用户的利益。在就业和收入分配方面，数字经济创造了大量新兴岗位和灵活就业机会，同时造成原有岗位减少、灵活就业人员权益保障不足、收入分配差距拉大等问题。在社会治理和公共服务方面，数字技术提高了信息收集处理和公共服务的效率和精准度，也带来了数据泄露、侵犯个人隐私等问题，数字鸿沟也可能造成公共服务鸿沟。在政府与市场关系方面，在数字技术极大提高市场总体效率的同时，过多的信息冗余和信息噪音也会干扰市场运行，加剧周期性波动。对于发展过程中出现的这些问题，要坚持发展与规范并重的思路，不断完善数字经济治理体系，推动数字经济健康持续发展。要建立全方位、多层次、立体化监管体系，把监管和治理贯穿创新、生产、经营、投资全过程；加强反垄断和反不正当竞争，防止资本无序扩张，维护平台经济领域公平有序竞争，保障市场主体、从业人员和消费者的合法权益；健全技术规则治理体系，规范各类科学研究活动；提升数据安全管理水平，建立健全数据安全管理、风险评估、检测认证等机制；强化个人信息保护，集中整治违法违规收集使用个人信息等行为，切实维护广大网民的合法权益。

7.2.7 构筑数字安全屏障

数字技术具有内在的脆弱性，数据在成为生产要素的同时也成为受攻击的对象，而从虚拟网络信息领域发起的攻击能够造成经济社会的现实损失。比如在俄乌冲突过程中，“瑟罗莫洛托夫日前接受该社采访时指出，绝大多数针对俄罗斯的网络攻击从北约、欧盟成员国以及乌克兰境内发起。在乌克兰事实上失去数字主权的情况下，西方跨国IT公司正为乌在信息空间的恶意行为提供支持，乌‘网军’被用来攻击俄政府、企业、金融和教育机构以及运输和物流基础设施”[①]。这充分说明数字空间已经成为当今时代各国博弈的“新战场”。要高度重视数字时代的安全挑战，提高数字安全、网络安全意识，将安全贯穿于数字经济发展的全过程。完善数字经济安全制度顶层设计，实现数字经济核心技术、重点产业、关键设施、战略资源、重大科技、头部企业等安全可控。增强网络安全防护能力，加强数据安全管理，构筑起国家数字空间的防御体系、产业发展的自主可供体系、城市运行的应急应对体系和覆盖各种数字化应用场景的安全管理体系。强化数字经济安全风险综合研判，防范各类风险叠加引发的经济风险、技术风险和社会稳定问题。

7.2.8 增强我国在数字国际治理规则中的话语权

数字是重组全球要素资源、重塑全球经济结构、改变全球竞

① 最新动态：俄方说乌成为西方对俄网络攻击桥头堡 乌总统说2023年是关键性的一年［EB/OL］.［2023-02-06］. http://world.people.com.cn/n1/2022/1228/c1002-32595579.html.

争格局的关键力量，具有鲜明的国际化特征。当前，世界各国围绕数字技术、产业体系、跨境流动、数字贸易、安全治理等争夺发展主导权和控制权。近年来，我国跨境电子商务、数字贸易、数字基础设施等新业态、新技术发展进入快车道。以数字贸易为例，“十四五”期间数字贸易进出口总额有望超过4500亿美元，占对外贸易总额7%以上。然而，与发展速度和规模不尽相称的是，数字贸易发展的相关基础性制度尚不完善，规制谈判与话语权不足。目前，我国已与26个国家和地区签订了19个自由贸易协定（Free Trade Agreement，FTA），但只有2015年后缔结的7个FTA包含议题有限的电子商务章节，另有8个包含电子商务议题的FTA处于谈判中。这些电子商务章节涵盖了数字产品待遇、数字便利化等电子商务传统议题，但对跨境数据流动、个人隐私保护、源代码与知识产权、数字服务市场准入等新议题覆盖不够或未有涉及，不仅缺乏数字贸易规则与谈判策略的体系性设计，而且主要立场与高标准规则存在较大差距，在多双边数字贸易规则谈判博弈中话语权处于相对弱势地位。为此，我们要积极参与数字经济国际合作，推动全球发展倡议，主动参与多边机制和国际组织数字经济议题谈判，及时提出中国方案，增强国际数字经济规则制定的话语权，维护自身发展权益。大力推进“数字丝绸之路”建设，培育具有国际竞争力的大企业和具有产业链控制力的生态主导型企业，提高我国数字经济的全球竞争力和影响力。

7.3 数字经济的若干法律问题

7.3.1 数据权属保护问题

自罗马法以来，大陆法系所称的物均为有体物。而数据是无形的，无法按照传统理论确定数据权属。比如修改了100MB数据中的5B数据，这部分数据到底属于谁？我们知道，数据是数字经济的核心生产要素，但是数据所有权、使用权、收益权等权属制度并未建立起来，相关共识尚未形成。一方面造成数据在流通、交易、使用过程中的可解释空间大，市场规范性变差；另一方面给执法工作带来困难，间接造成数据交易的违法成本降低。在全球数据爆发增长、海量集聚的新形势下，数据成为安全的“重灾区”，针对数据的攻击、窃取、滥用等手段不断涌现，甚至形成地下数据产业链，给经济、社会、政治带来巨大风险。为此，需要尽快建立数据权属界定的方法体系，分离数据所有权与使用权，为数据要素的流通、交易提供规范性指引。

关于数据产权保护问题，目前国际上存在多种路径，如版权保护、数据库特殊权保护、商业秘密保护、合同保护以及刑法保护等。我国司法实践中主要是通过竞争法开展数据产权保护，确立了数据不正当竞争侵权测试标准，保护企业数据财产权益。一是实质替代标准。例如，垂直搜索引擎技术（“网络爬虫”）须控制在合理范围之内，不可对被引用网站造成市场替代后果。二是三重授权标准。获取用户信息时应坚持“用户授权+平台授权+用户授权”的三重授权原则。三是正当商业利益标准。企业对其投入劳动收集、获取、加工、整理、生成的数据和数据产品享有竞争法上的财产性利益，他人不正当利用具有不正当性。

为了更好地保护数据权属，建议：一是考虑到数据的特征和复杂性，数据产权应不同于物权等传统产权，不宜采取绝对权利的路径。二是不仅需要考虑数据的不同分类，而且需要结合加密、区块链等技术控制措施的发展应用状况来具体构建。三是加快研究制定具体的“数据财产权益保护规则”。四是考虑根据数据的特性，从技术上实现对法律权属的保护。依来源不同，数据可分为公共数据和非公共数据。政府部门掌握的气象数据、环境污染数据等是公共数据。企业数据、个人数据等是非公共数据。为确保相关主体权益，可以利用区块链技术保证个人在网络空间中实现对自己数据的控制权。而对于个人位置数据、环境感知数据等政府公共数据要加大管控力度。

7.3.2 境内数据流通法律问题

数据流通是释放其价值的前提。目前，巨量数据已经形成，但共享开放程度较低。我国绝大部分的可用数据均是政府及国有企事业单位所有，虽然普遍建立了数据开放平台，但开放范围覆盖不全面，开放标准不一致，数据更新不及时，动态数据占比低，实时数据不易获取。数据要素流通过程中，还可能存在侵权风险，主要的侵权对象是个人信息权益和企业商业秘密。对于侵权风险，我国的数据要素市场还没有建立针对数据要素应用市场的审核制度，数据要素流通各环节运营主体的责任边界比较模糊，留下了对数据进行违规分析和滥用的空间。

要提升数据要素流通的开放程度。加快建立健全有关公共数据要素流通的基本规范，构建数据管理标准化体系；建立数据分级清单体系，根据数据重要程度、保密程度，进行数据分级分类；根据不同分级水平，将数据进行差异化管理，其中的高等级数据由国家控制，不对外开放共享，中等级数据利用安全加密技术进行有条件开放共享，低等级数据则实现无条件开放共享；推动政府数据合理开放，建立新型政企合作模式，可以根据企业参与程度不同，分为技术服务模式、企业代理运营模式以及政企合资模式，促进公共数据共享。

要促进数据要素流通交易。加快建设数字信息基础设施，为构建统一开放、竞争有序的数据要素大市场奠定基础；规范数据利用行为，严格限制数据控制者滥用数据行为及不合理垄断行为，创造公平有序的数据要素交易环境；大力培育数据要素市场主体，充分发挥大数据交易所、数据经纪商等市场中介作用；培育多种类型的数据要素商业化模式，创新交易模式、数据收益分配模式和交易定价模式，建立行业级数据流通利用平台，明确规定各参与主体的权利及义务；建立数据要素应用场景的审核制度，规范数据所有方、使用方、经营方的安全主体责任，守住安全底线，明确监管红线，打造安全可信、包容创新、公平开放的数据要素市场环境，确保数据流通使用安全。

7.3.3 数据跨境流通法律问题

关于数据跨境传输，从域外立法实践来看，各国的法律规定是“宽”还是“严”，一般都是根据本国的数字经济发展情况作出选择。

美国在信息技术领域具有领先优势，因此采用“数据控制者原则+长臂管辖”模式。2018年，美国通过《澄清域外合法使用数据法》，明确“数据控制者原则”，允许美国执法机关跨境调取美国企业在海外服务器的用户数据，客观上绕过了数据存储国的司法主权，赋予了执法机构“长臂管辖”权力。这种模式损害了其他国家的数据主权、安全和发展利益。

欧盟沿袭保障私权的法治传统，采取了“GDPR基准+白名单”模式。2018年，被称为“史上最严数据保护法”的欧盟《通用数据保护条例》施行，明确将数据定义为一种基本权利，创建了严格个人数据跨境流动、提升数据权利保护水平的立法模式，并在欧盟层面建立了数据保护委员会，协调各成员国保障其实施。GDPR致力于实现成员国之间个人数据自由流动，形成欧盟单一数据市场，同时对非欧盟成员国采取“白名单”制度，只有相关国家或者地区的数据保护水平达到了欧盟要求，向其传输数据方可无须经过欧盟的额外批准和授权。

我国作为数据大国，高度重视数据跨境安全治理，采取了“数据本地化原则+安全评估”模式。《网络安全法》第12条明确了“保障网络信息依法有序自由流动”的要求，《数据安全法》第11条明确了“促进数据跨境安全、自由流动”的要求。出于数据安全考虑，我国实行较为严格的数据本地化策略。比如《网络安全法》第37条对关键信息基础设施运营者提出了个人信息和重要数据“本地化存储”的原则要求，确需进行跨境传输时，应履行数据跨境安全评估义务。为进一步应对数据贸易带来的挑战，我国有必要进一步跟进自贸协定修改和完善我国立法，促进我国数据跨境流动规制措施在相关自由流动规则下的合法性，进而更好构建以国内大循环为主体，国内国际双循环相互促进的新发展格局，保障我国数据主权、安全和发展利益。

7.3.4 平台经济法律问题

平台经济是指依托于云、网、端等网络基础设施并利用人工智能、大数据分析、区块链等数字技术工具撮合交易、传输内容、管理流程的新经济模式。目前，比较成功的平台企业主要集中在消费领域，按功能看可以划分为交易促成型和内容传输型两类。交易促成型平台旨在传递交易信息，促成交易的达成，又可细分为电商、支付、网约车和外卖等平台；内容传输型平台则传输新闻、观点、通信、娱乐、金融、科学技术等信息，促进内容分享，如社交、短视频等平台。

未来随着5G等通信技术带动高通量、低时延的万物互联落地，产业互联网可能成为新的热点，也可能催生新型的数字平台。在平台所主导的三维结构中，平台与平台商家、消费者、平台用工人员之间均呈现出明显的力量不对等性，部分参与方的基本权益无法得到充分保障。在与平台经营者的关系中，平台的

“双重角色”也导致其与平台商家地位的不平等。平台作为市场的搭建者与管理者，为平台内经营者提供与消费者的沟通桥梁，其本身也是市场竞争的参与者，往往利用优势“自我优待”。在与消费者的关系中，平台对消费者拥有不对等的数据优势和信息资源，电商平台时常做出侵犯消费者的隐私权与选择权等行为。在与平台用工人员的关系中，部分平台用工方逃避本该为劳动者提供的福利与保障的法律责任，劳动者的权益被不断侵蚀与挤压，并在算法的“数字控制”下陷入行业的内卷之中。

在反垄断方面，主要涉及的法律问题是“二选一”问题、大数据杀熟问题、经营者集中问题。在平台用工方面，主要问题是工作时间长、劳动强度大，社会保障普遍不足。当前，超大型平台企业崛起已经在推动数字经济社会的资源重组和权力重构，平台企业一系列新的经济社会角色使得平台企业在数字经济法律监管中的必要性和重要性大幅提升。欧美国家已经意识到平台角色的变化，从法律制度层面强化平台责任。我国反垄断法已经修改，在此基础上，应当评估与之密切相关的反不正当竞争法、电子商务法、民法典、劳动法等，研究是否需要修订，在确保数字经济创新活力和市场竞争力的同时，规范经济发展秩序、维护平台用户和劳动者的合法权益。

7.3.5 数字税法律问题

与传统的工业经济相比，数字经济具有边际成本低、网络效应大、无形资产占比高、虚拟性隐蔽性强、反馈迭代及时、可贸易程度高等鲜明的特点，对数字经济中纳税人、课税对象、税率、纳税地点、纳税环节等基本税制要素的认定，现行主流税收体系明显不适应。数字经济的快速发展已经对现行税收制度形成系统性的挑战。

一是挑战国家税收管辖权。数字经济条件下，数据商品和服务的跨境流动十分容易，传统海关、国境的物理边界被打破，企业和个人无需借助物理场便可在不同国家开展经营活动，跨国利润转移和避税较为容易，比如谷歌、苹果、脸书等跨国企业轻易将大量收入和利润转移到“避税天堂”。对跨境数字经济活动征税对象能否有效认定，能否及时征到税，能否保障国际分配中的国家税收利益，直接关系到国家税收管辖权能否有效行使。

二是挑战税源税基确认。数字技术与经济活动的深度融合催生了许多新模式、新业态，而现行税制滞后于数字经济发展，新业态能否有效转化为新税源，原有课税对象的判定标准与新业态之间的衔接存在矛盾。例如共享经济，个人通过互联网平台出租闲置车辆或提供顺风车服务，是按照交通运输服务、租赁业务进行课税，还是应课征个人所得税。同时，数字经济下，个人与企业的边界变得模糊。数字经济使得商业经营门槛大幅降低，尤其是微商、直播带货等C2C经营模式的兴起，大量自然人借助互联网成为商业经营主体，税收主体呈现分散化个人化趋势。个人经营者没有办理工商登记、税务登记，税务部门难以监控交易情况。这些都给税源税基确认带来巨大挑战，税基侵蚀与流失严重。

三是挑战税负公平性。数字经济的发展引发了新的税收负担不公平问题。首先是数字经济与传统产业税负不公平。由于对数字经济征税能力不足，事实上造成数字经济税负轻于传统产业。比如欧洲委员会评估，传统行业平均税率为23.2%，而数字行业有效平均税率仅为9.5%。[①]其次是线上与线下业务税负不公平。随着平台经济、共享经济、各类零工经济的崛起，从事同类线下生产经营活动的税负总体高于线上经营活动，不仅造成国家税收流失，而且伤及税收公平原则。

目前全球数字税改革进程加速，争议焦点已经由征收的“必要性”演变为“可行性”问题。应当充分评估数字税对数字经济发展的潜在影响，对全球数字税问题开展跟踪研究，做好相关应对预案。同时，要加强国内税制改革，推动国内税法与国际税收规则有效衔接，研究提出有利于国际竞争、兼顾税源稳定的数字税改革方案，为我国数字经济发展营造公平稳定和可负担的税制环境。

① 中国信通院.数字经济对税收制度的挑战与应对研究报告（2020年）[EB/OL].[2023-01-31].http://www.caict.ac.cn/kxyj/qwfb/ztbg/202012/t20201209_365645.htm.

Ⅷ

8　结论

8.1 基本结论

本书研究的主题是在人机交互条件下国家如何治理、法治如何运行、政制如何演变以及行政法如何回应。基本结论如下。

关于人机交互条件下的国家治理。智能工具经由大规模聚合、深度改进而临近奇点，人经由人机合体、人机共生而成为“新物种”，社会经由数据化、信息化、智能化而成为智慧系统。与新工具、“新物种”、新系统相适应的新型国家形态，即智慧国家，正在形成也必将形成。智慧国家是把智能工具内嵌到国家治理活动当中，实现国家治理与智能工具深度融合，从而具有较高国家治商水平的国家形态。在人机交互条件下，国家治理将由自动化或半自动化的国家治理取代或者强化手动化的国家治理；由体系化的国家治理取代碎片化的国家治理；由精细化的国家治理取代粗放型的国家治理；由具象化的国家治理取代抽象化的国家治理；由可视化的国家治理取代神秘化的国家治理。

关于人机交互条件下的法治运行。法治作为当今世界众多国家治国理政的基本方式，与国家治理体系和治理能力有着内在的联系和外在的契合，是国家治理现代化的核心内容。但是不同类型的法治存在优劣高下之分，法治本身也有一个现代化的问题。以法治国是虚假的法治，据法治国是含量不足的法治，相对来说，由法治国是完全的、彻底的法治。国家治理现代化的实质与重心，是在治理体系和治理能力两个向度充分体现良法善治的要求，从据法治国走向由法治国。

关于人机交互条件下的政制演变。民主政制是当代政制的基本内容，但存在着二律背反问题，即民主的目标在于确保人民当家作主，但其在实际运行中因动力机制的天然故障而使人民作不得主。此外，还存在着六组基础性矛盾：权力人与权利人的矛盾；多数人与少数人的矛盾；“我”与“我们”的矛盾；公与私的矛盾；计划政治与复杂巨系统的矛盾；法律征服权力与权力征用法律的矛盾。基于人机共生条件，人作为超级个体不必通过代理人（代表人、受托人、执行人）行使治权，而得以亲为国家治理活动，是谓自主政制。自主政制的逻辑起点是公权利，所塑造的治理模式是结网治理，所对应的权力状态是水平性权力，其实现有赖于互利机制。

关于人机交互条件下的行政法回应。进入智能时代之后，政府行政更多地被各种各样的“算法”所主宰，相应地，每一个人的命运都掌握在这些“算法”当中。随着国家利维坦2.0版的诞生、智能科技公司成为权力主体、行政权的“前置化”和“后台化”、行政法主体行为的全透明化，未来之行政法需要对算法进行顶层规制和法治管理，使算法保持中立性，不损害个人权益和社会公共利益，并且使依照算法进行的新管理、新服务、新控权符合行政的根本目的。

8.2 若干建言

通过对人机交互条件下国家治理与法治运行这一主题的研究，本书在此提出如下建言。

一是把智慧国家建设确立为国家战略。我国正在深入推进国家治理体系与治理能力现代化，在这个过程中，要牢牢把握智能科技发展的重大历史机遇，把智慧国家建设确立为国家治理现代化的核心战略，并据此实现国家治理现代化的目标。亦望在国家层面对国家治商这一量化国家治理水平的工具斟酌研用，以编制“各国治商报告”等方式占领国际治理话语权乃至价值体系制高点，并以诸如编发“各地治商报告”等方式科学评价国内各地政绩，促推治理水平精进。

二是将自主、互利、智能确立为良治的内核。治理直接关乎个人乃至共同体命运，走出治理悖论需要在传统过时的“威权解”、力不从心的“契约解”之外，找到第三条道路，即建立在互利、智能基础上的自主解。自主解决的是人民的权力如何落地的问题，互利解决的是自主在机制上如何实现的问题，智能解决的是自主在技术上如何实现的问题。自主相对于民主更具有正当性和权威性，互利可以克服基于民意或共识的国家治理的固有局限。基于自主、互利、智能的治理是理想的国家治理形态。当然，这是一个宏大命题，需要进一步研究论证。

三是建立一套与智能时代相适应的法律制度。制度是一个时代的精神、特征的总结与升华。当前的法律制度都是前智能时代制定的，与智能时代圆凿方枘。在智能时代，智慧立法、智能政务、智能执法、智慧法院将成为常态，主体身份智能核定，数据信息共享共建、执法司法线上操作，取证认证线上完成，流程节点自动运行，法律文书智能生成并且电子送达……智能时代的法治以及国家治理都将发生广泛而深刻的变革，传统的法律制度难以与之匹配、适应，甚至会逐渐成为制约社会发展的因素。建立一套与智能时代相适应的法律制度，是一个时不我待的重大课题。此外，建议研究制定规范智能工具发展的法律法规和伦理规范，对智能机器的主体地位、智能机器作品的权利归属、智能机器致人损害的责任承担、信息安全利用和隐私保护问题等对传统法律制度带来的冲击要进行前瞻性研究，并适时制定机器人法、机器人伦理规范。

四是积极建立并大力发展人工智能法学。国务院在《新一代人工智能发展规划》中对建设人工智能学科提出了明确意见，要求在高等院校和科研机构设立人工智能专业，建设人工智能一级学科，成立人工智能学院，大力培养人工智能相关学科方向的博士和硕士研究生。该规划指出："鼓励高校在原有基础上拓宽人工智能专业教育内容，形成'人工智能+X'复合专业培养新模式，重视人工智能与数学、计算机科学、物理学、生物学、心理学、社会学、法学等学科专业教育的交叉融合。"法学是我国国务院明确的需要与人工智能交叉融合的七个专业之一。当前，"人工智能+法律"这个交叉学科的建设已经在国家层面提上日程，有识者当抢抓机遇，占领学科发展高地。

五是高度重视对数据、算法等智能工具的法治管理。在智能时代，数据是生产资料，算法是生产力，二者是塑造未来社会的决定性力量。但对于新时代的生产资料、生产力，传统管理方式无从下手，也没有完全掌握在国家和人民手中，失控的风险和危害极大。建议在大力推进智能科技发展的同时，加强对数据和算法的法律规制，研究建立专门的评估和监管机构，确立科学的评估和监管方法，确保数据的社会性、算法的中立性。2021年，我国发布“十四五”规划，要求“加快建立数据资源产权、交易流通、跨境传输和安全保护等基础制度和标准规范”。同年通过的《数据安全法》，在2016年《网络安全法》基础上，填补了数据领域立法空白;《个人信息保护法》建立起完善的个人信息保护法律体系。在此基础上，应当进一步聚焦智能工具相关的法律问题，完善数据治理规则，推进数字基础设施建设立法（亟须制定电信法），继续完善平台责任的规定，加强数字税研究，制定有利于数字经济发展的税收规定，开展新技术新应用立法探索和储备。鉴于不同新技术新应用发展程度和面临的问题具有差异性，应坚持规范管理和鼓励发展并重的原则，根据成熟度分期分批进行相应的法律制度调整。对于发展比较成熟、已经具备一定立法基础的大数据、智能信息服务、自动驾驶、无人机等领域，可以率先进行立法规制。对于处于发展初级阶段、问题尚不明确的人工智能、数字货币等领域，由相关部门加强立法研究，待时机成熟后开展有关立法工作。

六是主动参与国际规则制定。当前，国际竞争越来越体现为制度、规则、法律之争。智能工具是新兴领域，也是各国维护国家安全、拓展国家利益的前沿阵地。不少国家纷纷通过立法抢占数字规则制定权和话语权。我国智能法治建设要统筹国内国际两个大局，立足国内、面向国际，更加关注和参与智能领域的国际规则制定。要进一步提升我国的国际规则参与水平和制定能力，在亚太经合组织电信工作组、二十国集团数字经济工作组等国际场合，积极推介中国主张和经验；在世贸组织电子商务工作组谈判、区域全面经济伙伴关系谈判、中日韩自贸区谈判、中欧自贸区谈判等具有约束性的国际谈判中，推动将中国倡导的国际合作原则和主张转化为具有约束力的国际规则，特别是在网络安全保护、跨境数据流动、个人信息保护、数字税等方面，形成既维护我国国家利益和企业合法权益，又有利于全球共同发展的规则体系。

七是研究共产主义社会在智能时代实现的可能路径。共产主义是建立在马克思关于社会形态三阶段的理论基础上的。马克思说："人的依赖关系（起初完全是自然发生的），是最初的社会形态，在这种形态下，人的生产能力只是在狭窄的范围内和孤立的地点上发展着。以物的依赖性为基础的人的独立性，是第二大形态，在这种形态下，才形成普遍的社会物质变换，全面的关系，多方面的需求以及全面的能力的体系。建立在个人全面发展和他们共同的社会生产能力成为他们的社会财富这一基础上的自由个性，是第三个阶段。第二个阶段为第三个阶段创造条件。"①他所描述的第三个阶段，与智能时代的要素极为契合，并且当智能发展到一定阶段，物质极大丰富，社会高度自治，法律以代码形式运行，人实现全面而自由的发展，共产主义亦有望实现。

---

① 马克思恩格斯全集：第46卷上［M］.北京：人民出版社，1979：104.

8.3 些许展望

天工化物，物竞天择。人类于万物之中崛起，仰仗的可不是对环境的“适应力”，而是“改变力”。适应力让物种存续，改变力才是进步的源头。只有认识到人类是这个星球乃至宇宙中的一个“变量”，我们才能理解，为什么对于地球而言，人类是一种如此“异质”的存在，以至于在人类的改变力失控时我们甚至成为地球的“敌人”。

在人机交互的征途中，必然会有各种障碍和困难。牛顿体系和达尔文体系的结合也不是一件容易的事情；以目前水平的智能工具治理国家可能还很不合时宜；让共同体中的成员真正做自己的主人，还有很长的路要走。但是，在障碍和困难面前，不能以过去断言未来，不要以极难否定可能。18世纪以前，人类没有办法想象一个没有皇帝或者国王的国家如何治理，而不过几百年的时间，就让这一幕变成现实。所以，请更深刻地来理解这句话：人类的特性是“改变”而不是“适应”；也请一定相信，我们所认为的极难，难不过星移斗转，慢不过沧海桑田。

图书在版编目 (CIP) 数据

智慧国家的法律治理：人机交互条件下国家与法律的一般原理 / 邵长茂著 .—北京：中国法制出版社，2023.2

ISBN 978-7-5216-3295-8

Ⅰ . ①智… Ⅱ . ①邵… Ⅲ . ①人 - 机系统—应用—社会主义法制—建设—研究—中国 Ⅳ . ① D920.0

中国国家版本馆 CIP 数据核字（2023）第 022215 号

策划编辑：马 颖
责任编辑：宋 平　　封面设计：李 宁

智慧国家的法律治理：人机交互条件下国家与法律的一般原理

ZHIHUI GUOJIA DE FALÜ ZHILI: RENJI JIAOHU TIAOJIAN XIA GUOJIA YU FALÜ DE YIBAN YUANLI

著者 / 邵长茂

经销 / 新华书店

印刷 / 河北华商印刷有限公司

开本 / 710 毫米 ×1000 毫米 16 开　　印张 / 14 字数 / 248 千

版次 / 2023 年 2 月第 1 版　　2023 年 2 月第 1 次印刷

中国法制出版社出版

书号 ISBN 978-7-5216-3295-8　　定价：55.00 元

北京市西城区西便门西里甲 16 号西便门办公区

邮政编码：100053　　传真：010-63141600

网址：http://www.zgfzs.com　　**编辑部电话：010-63141825**

市场营销部电话：010-63141612　　**印务部电话：010-63141606**

（如有印装质量问题，请与本社印务部联系。）